Ramtha
Intensiv

Seelengefährten

In Der Tat Verlag

RAMTHA INTENSIV: SEELENGEFÄHRTEN

Zusammengestellt von Steven Lee Weinberg, Ph.D.,
Carol Wright, John Clancy und Pavel Mikoloski

Aus dem Amerikanischen übersetzt von Brigitte Silberhorn.

VERZICHTERKLÄRUNG

Für Informationen in Bezug auf Veranstaltungen mit Ramtha wenden Sie sich bitte an: Ramtha Dialogues, P.O. Box 1210, Yelm, WA 98597, USA.

Herausgegeben mit Genehmigung von Sovereignty, Inc.,
P.O. Box 909, Eastsound, Washington 98245, USA.

ISBN 3-9802507-4-1

€0,50

Inhaltsverzeichnis

RAMTHA INTENSIVSERIE

Durch den Körper von JZ Knight sprechend hat Ramtha seit 1978 mehr als 300 öffentliche Veranstaltungen abgehalten, in dem Bemühen dabei zu helfen, "die im sogenannten Menschheitstraum schlafenden Götter" aufzuwecken. Zusammenkünfte, die vor 1985 stattfanden, wurden aufgrund ihres Frage-und-Antwort-Charakters Dialoge genannt. Anfang 1985 begann Ramtha, Intensivseminare zu halten, um hier fortgeschrittenere Lehren zu präsentieren.

1986 veröffentlichte Sovereignty *RAMTHA*, den von der Kritik freudig begrüßten Bestseller, der sowohl die Eckpfeiler von Ramthas Lehren, wie auch Ramthas faszinierende Lebensgeschichte beschreibt. Die Ramtha Intensivserie von Sovereignty erweitert und ergänzt das Material, das in *RAMTHA* dargeboten wird. Jeder Band dieser Serie stellt eine schriftlich zusammengestellte Aufzeichnung eines ausgewählten Intensivseminars dar, ergänzt durch darauf bezogenes Material, das der Sovereignty Bibliothek von Ramthas Lehren entnommen wurde. Obwohl es nicht unbedingt nötig ist, *RAMTHA* zu lesen, bevor man die Bücher der Intensivserie liest, möchten wir den Leser dennoch dazu ermuntern, dies zu tun, um das Material, das in der Intensivserie dargeboten wird, besser würdigen und verstehen zu können.

Seelengefährten

Hier seid ihr,
um zu lernen, Gott zu sein
in einem großen Intensivseminar
das den Gefährten eures Seins
befähigt,
die Schönheit
unbegrenzten Lebens wahrzunehmen.

Hier werdet ihr lernen
aufzuwachen - gemeinsam.

Freitag, Morgensitzung
10. Januar 1986

Ramtha, der auf der Bühne sitzt, beobachtet die Teilnehmer, wie sie sich in den Raum begeben und ihre Plätze einnehmen. Er trägt weiße Sportkleidung, die am Hals mit Straßsteinen besetzt ist. Nachdem alle Teilnehmer sich gesetzt haben, nimmt Ramtha sein Glas Wasser, erhebt sich von seinem Stuhl und geht nach vorn.

Ramtha: (Erhebt sein Glas) Auf das bittere Wasser! Dies ist der Beginn der Auflösung des begrenzten Gedankens, der es dem Wissen nicht *erlaubt,* hervorzukommen. Es bedeutet eine körperliche Reinigung, und es stellt die Reinigung des Geistes dar. *(Hebt sein Glas höher und bringt den Trinkspruch aus)* Auf das Leben!

Zuhörer: Auf das Leben!

Ramtha: (Nachdem er sein Glas geleert und ans Ende des Tisches gestellt hat) Während dieser wundervollen Zusammenkunft werdet ihr *viel* davon trinken. So sei es!

Ich bin der *unbändige* Ramtha, und ich bin erfreut, euch an diesem Tage eurer Zeit in dieser wundersamen versammelten Gruppe hierzuhaben.

(Führt zur Freude der Zuschauer JZs Kleidung vor) Zeitgemäß, oder? Man nennt das Straß, und ich ... glitzere! Nun, möglicherweise sollte das eure Vorstellung davon, wie Engel auszusehen haben, verändern.

(Nachdem er die Zuhörerschaft in Augenschein genommen hat) Dies ist eine wundersame Zusammenkunft. Wir haben hier eine sogenannte Collage, eine Zusammenstellung von Wesenheiten, die sich aus den

verschiedensten Gründen hier befinden. Da gibt es diejenigen, die hierherkamen, um ihren *Seelen*gefährten zu finden. Ah-hah. Dann gibt es diejenigen, die, hm, aus Neugierde hier sind. Und dann gibt es noch diejenigen unter euch, die viel haben wollen, aber nicht viel dafür geben wollen, um es zu bekommen. Und es gibt viele von euch, die bei dem letzten Seelengefährten-Intensivseminar dabei waren. Habt ihr nicht genug bekommen? Braucht ihr mehr Boten, hm?

Nun, *dieses* Intensivseminar über Seelengefährten *ist* eine andersartige Sitzung, da dies jetzt eine andere Zeit ist, ein anderes "Jetzt", für die Dokumentation großen Wissens. Unglücklicherweise gibt es nicht viele unter euch, die dieses Wissen annehmen werden, um es zu leben, so daß es eure Zukunft werden würde. Aber wenn ich viel rede und viele Dinge geschehen mache, werdet ihr früher oder später die Schranken eurer Unwissenheit niederbrechen. Dann kann dieses grandiose Wissen lebendiges Bewußtsein von euren Jetzt werden.

Also ihr seid eine Collage. Ihr seid das, woraus das menschliche Drama, der menschliche Zustand auf dieser Ebene besteht. Was aber jeder von euch in Wirklichkeit ist, ist ein großer Gott, ein *großer* Gott. Die meisten von euch wissen das nicht so recht, aber letztendlich werdet ihr durch Erfahrung die Bedeutung der "göttlichen Gegenwart", die Bedeutung von "GOTT, ICH BIN" und die Definition des Lebens eines Christen verstehen.

Ihr alle seid in der Tat in der Entwicklung begriffen, aber *la-a-a-ngsam,* da ihr an euren Glaubensanschauungen festhaltet. Wißt ihr, was Glaubenssysteme sind? Ihr haltet an euren Krankheiten fest, euren Ängsten, euren Unsicherheiten. Ihr haltet an euren Dogmen fest, euren Idealen, euren Urteilshaltungen. Ihr haltet an ihnen fest. Warum? Weil sie euch eure Identität vermitteln. Ihr meint, wenn ihr kein Glaubenssystem hättet, wüßtet ihr nicht, was ihr seid. Nun, diese Lehren, die schon lange vor eurer Zeit übermittelt wurden, sind das Bemühen, auf wundersamen Wegen, die Schranken eurer Glaubenssysteme niederzureißen, damit ihr es einer Bewegung von Macht erlaubt, in eurem Innern zu erwachen. Diese Worte werden keine Bedeutung für euch haben, bevor jene Macht nicht erwacht ist. Erst wenn ihr eure Glaubensanschauungen loslaßt und die Schichten eures begrenzten Selbst abstreift, werdet ihr in einen Zustand der Gnade gelangen, in dem dieses Wissen absolute Bedeutung haben wird.

In jedem Augenblick, wo ihr hier im Zuschauerraum sitzt, "schäle" ich eure begrenzten Glaubensanschauungen weg, um nach und nach eure begrenzten Identitäten zu entfernen. Solange ihr euch an der Leine eurer Begrenzungen befindet, ist es wirklich eine herzhafte Bürde, euch zu ertragen. Wißt ihr, was Bürden sind? *(Scherzhaft)* Nun, ihr seid wirklich eine unerträgliche Masse! Aber je mehr ihr über euch selbst lernt, umso größer das Licht, das ihr für diese Ebene sein werdet, und umso eher werdet ihr das Superbewußtsein erleben werden - ein Ende des Dilemmas des menschlichen Dramas; ein Ende für all die Dinge, deren Begrenzungen euch in eurem unbegrenzten Selbst schon so unendlich lange heimgesucht haben.

Nun also, Seelengefährten! Ihr seid hier, um über dieses wundersame Rätsel zu lernen. Ich werde damit beginnen, euch zu erklären, daß das Thema "Seelengefährten" eine spirituelle (dt.: geistige) Wissenschaft bedeutet. Kennt ihr das Wort "spirituell"? Ihr denkt wohl, es bedeutet etwas Unsichtbares, nicht wahr? Nun, wie nennt ihr das, was *sichtbar* ist?

Alles ist spirituell. Denn alles, sogar feste Materie, ist *unbeständig;* alles bewegt und verändert sich.

Warum nenne ich das Verständnis über Seelengefährten eine *spirituelle* Wissenschaft? Weil das Verständnis über Seelengefährten Zeit, Entfernung und Raum, also die Dinge überschreitet, die wissenschaftlichem Verständnis entsprechen. Folglich gibt es auf *wissenschaftliche* Weise, in dessen begrenztem Wissen keine Möglichkeit zu *beweisen,* daß ihr einen Seelengefährten habt. Wenn ihr also Galileis Theorie diesbezüglich anwendet, würde sie nicht funktionieren. Wenn ihr Einsteins Theorie anwendet, würde sie nicht funktionieren. Versteht ihr? Was ich euch sagen will, ist, daß ihr euch hier *nicht* in einer Physikklasse befindet !

Das Thema Seelengefährten stellt eine *spirituelle* Wissenschaft dar. Es handelt sich um ein Verstehen, das über Worte *hinausgeht,* was uns in einen ziemlichen Widerspruch hineinführt. Wie kann man eine unsichtbare spirituelle Wissenschaft lehren und dabei praktische Worte benutzen? Man kann es nicht! Dafür gibt es keine Worte. Denn wenn Worte das beschreiben könnten, wäre es begrenztes Wissen, und begrenztes Wissen unterstützt nicht *un*begrenztes Verstehen. Es ist ein Paradox, das der Anlaß für das menschliche Drama ist. Wie also lehre ich euch dieses große Wissen mit Worten? Nun, ich benutze Worte in langen, langwierigen Zügen - und in Wiederholungen -, um eine Öffnung in eurem Innern zu entzünden, die es dem unaussprechlichen Wissen erlaubt hindurchzukommen. Wißt ihr, was die unaussprechliche Wahrheit ist? Die geistige Kommunikation ist *Emotion.* Emotion! Emotion ist das LEBEN selbst, unausgesprochene, stille, tiefe Bewegung.

Für viele von euch ist dies die erste Zusammenkunft mit dem, der ich bin. Zu euch werde ich gleich sprechen. Aber hier sind einige, die an *vielen* dieser Zusammenkünfte teilgenommen haben, und die, vielleicht über Jahre hinweg, immer wieder gekommen sind. Ihr meint, ihr hättet eine lange Zeit studiert? Wenn ihr auf einem Felsen sitzt und sieben Jahre lang nachdenkt, *das* ist eine lange Zeit.

Ein Punkt, den ich bezüglich derjenigen, die immer wieder zu meinen Zusammenkünften kommen, erwähnen möchte, ist, daß ich sie immer und immer wieder dieselben Wahrheiten gelehrt habe. Oh, ich habe meine Sprache geändert; denn ich fand, daß nur wenige verstanden, wenn ich sagte: "In der Tat," "so sei es," "wie die Dinge in der Tat geschahen," "wie man jetzt absehen kann." Und wenn ich sagte: "Was sagst Du, geliebte Wesenheit, die du auf diese Ebene gekommen bist, wie die Dinge in der Tat liegen, um das Drama weiterzuweben, wie es geschah, getrennt von dem Königreich, von dem Du kamst?"- dann verlor ich sie schon, bevor ich noch auf den zweiten Teil des Satzes überleiten konnte! *(Wirft den Kopf zurück und lacht lauthals)* Und daher sagte jeder einfach, wenn er mich zitieren wollte: "In der Tat." Nun, das sagt so ungefähr alles.

So wurde es ganz offensichtlich zu jenem Slang. - Wißt ihr, was "Slang" bedeutet? Worte wie: "Okay", "Oh, du meine Güte," und andere, auf die ich nicht weiter eingehen will, aber ihr kennt diese Worte *sehr* gut.

Wesenheiten sagten zu mir Dinge wie: "In Ordnung!" Wenn ich sie dann fragte: "Was bedeutet "In Ordnung"? "Was bedeutet das für dich?" sagten sie: "Es bedeutet okay!" Also fragte ich sie: "Und was bedeutet "okay" für dich?" Und sie antworteten: "Prima (engl.: swell = wörtlich: Dünung)!" - "Was bedeutet ein "prima"? Hat es etwas mit einem Ozean zu tun?" - "Nein, es ist so ähnlich wie "toll". Es bedeutet "toll"! Das ist es, was es bedeutet!"

So kam ich nach vielen verschiedenen Worten der Bedeutung schließlich auf den Grund. Denn wenn ihnen keine Worte mehr einfielen, dann war alles, was für mich zu erkennen übrigblieb, ihre *Emotion*. Dann wußte ich, was sie meinten! Aber in diesem Prozeß lernte ich eure Sprache zu sprechen, und ich bin darin ziemlich gut.

So fuhr ich fort, mit neuen Worten, denen die wiederkamen, dieselben Dinge zu erzählen. Wißt ihr warum? Weil sie die einfache Botschaft nicht verstanden. Sie *hörten* sie zwar, aber sie *wurden* sie nicht. So fuhr ich fort, für sie zu manifestieren. Ich schickte sie hierhin und dorthin und ließ in ihrem Leben wunderliche Dinge geschehen. Jedoch alles, was sie wollten, war *mehr* - nicht mehr von dem, was *sie* tun konnten, sondern mehr von dem, was *ich* für sie tun könnte! Und *alles* wurde gegeben - in Liebe. Aber noch immer konnte ich sie nicht zu dem Verstehen bringen, daß sie Gott sind. Ich konnte sie nicht über jenen Berg bringen, denn für sie bedeutete, wenn sie wirklich Gott *wären*, daß sie ihre Identität verloren hätten. Aber wißt ihr, was ihre Identität ist? Jemand, der in Begrenzung eingehüllt ist.

Sie konnten nicht über jenen Berg gelangen, weil es für sie einfach nicht richtig klang, "Gott" auf ihre Nummernschilder oder ihren Führerschein zu schreiben. Denn man hätte sie prompt aus ihrer Heimstatt hinausgelacht! Aber seht mal, zu denken, daß ihr *sagen* müßt, daß ihr Gott seid, ist auch eine Begrenzung. Ihr müßt es nicht aussprechen oder wie ein Aushängeschild tragen! Ihr braucht es nur zu *sein*. Seid es! Seid!

Ich konnte sie nicht über den Berg bringen. Sie wollten etwas anderes hören. Jedoch, wenn ihr Gott seid, seid ihr *alles* andere, weil ihr unbegrenzten Genius habt - weil ihr die Fähigkeit habt zu *wissen*, was wiederum alles *ist*. Warum alles Gold der Welt besitzen, wenn es weit großartiger ist, das Wissen darüber zu besitzen, wodurch es erschaffen wurde, *und* über die Welt, von der es ein Teil ist? Ist das nicht größer? Natürlich!

Alles, was ich ihnen vermittelte, war *so* dicht am Verstehen *(Hält Daumen und Zeigefinger hoch);* aber ich konnte sie nicht dahinbringen zu verstehen. Wesenheiten über ihre begrenzten Glaubensanschauungen die Augen zu öffnen, und sie dazu zu bringen, diese aufzugeben, ist in der Tat eine mühsame Schlacht.

Warum lehre ich über Gott, ein Thema, das niemanden wirklich kümmert? *(Imitiert scherzend die Zuhörer)* "Laßt uns doch damit weitermachen, mit unserem Seelengefährten ins Bett zu springen!" *(Die Zuschauer lachen)* Ihr seht, eure Gedanken und Phantasien sind *allesamt* bekannt. Ihr mögt euch fein machen und sauber und ordentlich aussehen, ich sehe jedoch, wie ihr denkt.

Nun, in der spirituellen Wissenschaft von den Seelengefährten *erwartet* diejenigen großes Wissen, die bereit sind weiterzugehen, und die bereit sind, aus dem Traum aufzuwachen, den sie geträumt haben.

Als ich das erste Mal über die Wissenschaft von Seelengefährten sprach, war das Publikum gewissermaßen verwirrt. Sie alle kamen voller Hast, da sie dachten, daß die Wesenheit, die vielleicht neben ihnen sitzen würde, eben "Die Eine" wäre. Wißt ihr, was "Die Eine" bedeutet? Es ist ein Teil eurer Traumwelt. Und bei jener Zuhörerschaft kam ich in schwere Bedrängnis, ein Wissen zu vermitteln, das für jene schwer zugänglich ist, die einen verschlossenen Geist haben und eine Beziehung erwarten. Denn wie vermittelt man jemandem mit verschlossenem Geist Wissen? Wie vermittelt man es jenen, die den Berg nicht überwinden können? Wenn nicht durch sorgfältig gewählte Worte, wie anders würde man es ihm vermitteln?

Seither habe ich über jene Zuhörer nachgedacht; und ich habe mir einige *spektakuläre Manifestationen* einfallen lassen. Ihr werdet es schon noch mitbekommen. *(Zuhörer lachen)* Nun, da gibt es jene unter euch, die trotz dieses Wissens und der Boten immer noch zögern werden, über den Berg zu gehen, weil sie sich nicht wirklich von ihrem Hosenboden erheben wollen, um einfach nur zu *sein.* Sein! Ihr wollt dieses Wissen nehmen und es einfach als eine Philosophie beiseitelegen. Nun, das ist eure Wahlmöglichkeit.

Ich werde euch drei Tage lang eine grandiose, mystische Wahrheit lehren, die niemand auf eurem Planeten jemals definiert hat. Oh, es hat Spekulationen gegeben, niemand aber hat je *gewußt,* was das Wort "Seelengefährte" bedeutete. Es hat zwar Spekulationen gegeben, aber nie eine wahre Wissenschaft über dieses Wort.

Wissenschaft ist Wissen. Erleuchtung bedeutet "im Wissen von etwas zu sein", denn Wissen ist der größte Schatz, den man besitzen kann. Es stellt keinen Schatz dar, Gott und den Christus in euch zu besitzen. Das *seid* ihr bereits! Wissen zu besitzen, so daß ihr etwas damit *tun* könnt, das ist das Wunderbare.

Ich werde euch jetzt die Wissenschaft von den Seelengefährten lehren; ich werde jedoch um das Thema herum sprechen, weil diese Wissenschaft ätherisch ist, sie geht über Worte hinaus. Und ich werde euch dieses Wissen nur in Abschnitten lehren, da ich weiß, wo ihr "steht", wenn ich euch ansehe; ich sehe, was ihr aufnehmt und was ihr nicht aufnehmt. Ich werde nur so lange lehren, wie dieses gesamte Publikum aufnimmt.

Wißt ihr, was "Natur im Körper" bedeutet? *(Schaut in verständnislose Gesichter)* Ah, das ist kein *mystischer* Begriff. Es bedeutet, daß ihr zur Toilette gehen müßt. Es bedeutet, daß ihr hungrig seid, daß ihr trockene Lippen habt. Wenn diese Zuhörerschaft alles, dessen sie fähig ist, gelernt hat, und die Energie gebündelt, also auf ihrem Höhepunkt ist, dann werde ich aufhören zu lehren. Denn wenn der Körper sich unwohl zu fühlen beginnt, wird das, was ihr gelernt habt, durch Hunger und "aufgebrachte" Nieren geschmälert werden. Der Körper ist eine göttliche Sache; er ist Teil von, und das Fahrzeug für einen großen Gott. Man muß ihn pfleglich behandeln. *(Nimmt sein Glas Wasser und bringt mit den Zuhörern einen Trinkspruch aus)* Auf das Leben!

Zuhörer: Auf das Leben!

Ramtha: Nun, für viele von euch wird dieses sogenannte Intensivseminar eine *sehr* lange Zeit andauern. Denn ich werde das Wissen, das ich euch geben werde, für euch so lange manifestieren, bis ihr es versteht - selbst wenn es den Rest eurer Lebenszeit auf dieser Ebene währen sollte.

Ich bin gebeten worden, innerhalb von drei Tagen ein Wissen zu vermitteln, das nicht innerhalb von Zeit existiert, das nicht innerhalb eines dimensionalen Verständnisses ist. Es handelt sich dabei nicht um ein Verständnis, das man messen kann, um zu sehen, ob es etwas Großes oder etwas Kleines ist. Ich werde mich nur auf Teile davon beziehen, um eine Kraft hervorzubringen, die ihr braucht, damit ihr die Emotionen erlangen könnt. Vielleicht werde ich euch nur über einen kurzen Zeitraum hinweg eine Definition, eine Anwendungsmöglichkeit übermitteln. Wenn die gebündelte Energie dieses Publikums auf dem Höhepunkt des sich Öffnens angekommen ist, werdet ihr hinausgeschickt werden, und es wird euch gestattet, eine Weile mit diesem emotionalen Verstehen innezuhalten. Versteht ihr? Was ich euch sagen will, ist, daß ich mich nicht nach euren Uhren richte!

Nun, Boten. In dieser Zuhörerschaft sind sie sehr wichtig. Wißt ihr, was ein "Bote" ist? Boten sind keine Wesenheiten, die um die Wette laufen; sie sind Manifestationen. Sie sind Wesenheiten, Gedanken, Visionen, Erfahrungen, und ich werde euch viele von ihnen schicken. Warum verdient ihr diese wunderbare Erfahrung? Weil das Wissen, das ihr zu lernen im Begriff seid, nur durch Erfahrung erlangt werden kann. Und was ist Erfahrung? Sie ist ein *emotionales* Engagement: das lebendig werdende Gefühl. Nur durch spezifische emotionale Beteiligungen werdet ihr das wahrhaftig verstehen, was ich mich bemühen werde, euch mit Worten zu lehren.

Nun, die Boten werden auch "Wunder des Wissens" genannt. Sie sind nichts Zufälliges. Und wie sehr ihr euch auch immer bemühen mögt, sie wegzuerklären, sie werden nicht gehen. Ich werde sie euch schicken, damit das, was ich euch lehre, zugleich im Leben erfahren wird, nämlich das wilde Abenteuer, in welchem "Gott GOTT entdeckt". So sei es!

Zuhörer: So sei es.

Ramtha: Nun, wißt ihr, daß ihr alle Träumer seid, die in einem Traum schlafen? Ein Träumer ist jemand, der im gesellschaftlichen Bewußtsein lebt, der in gesellschaftliches Bewußtsein eingeordnet ist und nach dessen Modus operandi (dt.: Art und Weise des Handelns, Tätigwerdens) lebt - ihr wißt schon, wenn man nur "nette" Sachen tut, damit man die anderen Wesenheiten nicht aus der Fassung bringt, oder wenn man "einen guten Eindruck" machen will, damit jeder denkt, ihr wärt ganz entzückend. Dieses ist ein Traum! Und erst wenn ihr aus jenem Traum erwacht seid, werdet ihr die Weisheit daraus besitzen. Einer der großen Boten, der erscheinen wird, ist eine Vision des Erwachtseins aus dem Traum.

Was ihr hier hören werdet, wird euch zu einem Gefühl, einem Wissen, einem inneren Zusammenhalt, einem einzelnen Selbst erwecken ... das endlich verstanden sein wird. Und die Boten? Sie werden damit beginnen zu kommen, und zwar sofort. Es wird eine *Schar* von ihnen sein, und sie werden so einzigartig sein, wie es jeder von euch ist.

Drei Tage lang werdet ihr hier sitzen und ihr werdet *viel* bitteres Wasser trinken; es ist wunderbar für euren Körper. Und ihr werdet viel von dem lernen, was *nicht* gesagt wird, weil ihr *fühlen* werdet. Und ihr werdet in euren kleinen Territorien sitzen, die man Stühle nennt, oder auf eurem Fleck auf diesem Teppich, der kein echter Perser ist, und ihr werdet aufnehmen. Ich werde euch nicht "Om" summen lassen oder euch zum Meditieren oder zum Weihrauch-Verbrennen veranlassen, ich werde euch einfach *Wissen* geben, denn allein Wissen gestattet euch, Zeit zu überschreiten und in größere Dimensionen des Lebens zu gehen; Gott, der alle Dinge ist, zu verstehen und zu umarmen; und als ein Licht für die Menschheit zu leben - als jemand, der ohne die Anhängsel und Blutegel ist, die ihr alle mit euch tragt.

Für diese Zusammenkunft habt ihr euch alle schön gemacht. Ich freue mich darüber. Aber wißt ihr, was ich sehe, wenn ich euch anschaue? Stellt euch jemanden vor, der in die Wildnis gewandert ist, in einen verlassenen, gräßlichen Sumpf gefallen und *bedeckt* mit Blutegeln ist! Wißt ihr, was ein Blutegel ist? Wenn ihr das nicht wißt, schicke ich euch einen, damit ihr eine praktische Demonstration von seinem genauen Modus operandi habt. Nun, wenn ich euch ansehe, ist es, als wäret ihr bedeckt mit Schichten, die Blutegeln gleichen. Und die Blutegel sind "nicht erlaubend". Sie sind eure begrenzten Glaubensanschauungen, die eurem Licht nicht erlauben, hervorzuscheinen.

Viele von euch sind in Schichten um euren Körper herum eingehüllt. Es ist sichtbar im Unsichtbaren. Was das bedeutet, ist, daß es sich dabei um den "begrenzten Geist" handelt, denn was immer ihr denkt und fühlt, manifestiert sich. Wenn ihr wißt, daß ihr erbärmlich seid, dann seid ihr es! Wenn ihr wißt, ihr seid unglücklich, dann seid ihr es! Wenn ihr wißt, ihr seid ungeliebt, dann seid ihr es! Alles das sind Schichten begrenzter Glaubensanschauungen, die des Abstreifens bedürfen. Und noch darüber habt ihr viele Schichten, und so ist das Licht eures Aurafeldes, der Christus, versteckt wie die Sonne hinter den Wolken. *Das* ist es, was ich sehe, wenn ich euch anschaue. Versteht ihr?

Zuhörer: Ja.

Ramtha: Die Boten sind nun bereit. Eine ihrer großen Aufgaben ist es, euch zu helfen, alles abzuschälen, was euch in Begrenzung hält, damit ihr anfangen könnt zu wissen. Wenn ihr euch meine Worte erneut anhört, sei es auch erst in vierzehn Tagen, wird sich das, was ihr heute gehört habt, anders anfühlen wenn ihr es wieder hört, weil das Abschälen eurer begrenzten Identitäten schon begonnen haben wird.

Es mag sein, daß ihr lange Zeit nicht alles versteht, was ich euch hier sage. Wenn ihr aber verstanden habt, wird die Zeit für euch stillstehen. Ihr werdet aufhören zu altern, und ihr werdet nie wieder krank sein. Und siehe da, ihr werdet eine Sichweise haben, die durch die dreidimensionale Ebene hindurchstößt und über sie hinausgeht. Es wird lange Zeit brauchen oder kurze Zeit, es hängt davon ab, wie rasch ihr abschält und dem Licht erlaubt hervorzukommen. Versteht ihr?

Zuhörer: Ja.

Ramtha: So *sei* es!

Nun, kennt ihr diese Wesenheit Ramtha, hm? Nun, das bin ich. Und ich bin durch die Verkörperung meiner Tochter hervorgekommen. Warum in dieser wundersamen Verkleidung? Weil seit Jahrtausenden große Lehrer zu euch gekommen sind, und ihr sie alle vernichtet habt. Ihr habt ihre Worte gedämpft; ihr habt sie verändert. Ihr seid ein launisches Volk! Nun, mit *diesen* Worten soll das nicht geschehen. Und in dieser Form gebe ich euch kein Abbild (engl.: image), auf das ihr starren könnt, oder das ihr mit langen Pinselstrichen malen und an eure Wand hängen oder um den Hals tragen könnt. Wie klebrig! Es gibt von mir nirgendwo ein Götzenbild, vor dem ihr sitzen und das ihr verehren könntet, denn ich werde euch nicht erlauben, eure Macht an mich abzugeben. Und wenn ihr damit anfangt, das zu tun, werde ich euch auf der Stelle des Zuschauerraumes verweisen. Versteht ihr?

Zuhörer: Ja.

Ramtha: Ich bin hier, um euch zu lehren, daß ihr Gott seid, damit ihr erkennt, daß der, den ihr hättet lieben, verehren und bewundern sollen, *ihr selbst* seid (irgendwie habt ihr diesbezüglich so lange schon den Zug verpaßt); und damit alles, was für euch übrigbleibt, wenn ihr diese Zusammenkunft verlaßt, Gefühle sind, und neue Einsichten und eine neue *Liebe zum Selbst.* Das wird bei diesen Lehren von besonderer Bedeutung sein: Die Liebe zum Selbst.

Es gibt nichts im Sichtbaren wie im Unsichtbaren, das größer ist als ihr. Es *hat* niemals etwas gegeben. Oh, ihr habt euch Größere geträumt, und ihr habt eure Macht an sie abgegeben; ihr seid ihnen gegeüber unterwürfig geworden. Kein Wunder, daß ihr nichts manifestieren könnt! Ihr habt nicht genug Kraft übrig, um eine Fliege von der Nase zu verscheuchen! Das kommt daher, daß ihr eure Macht *Äonen* lang fortgegeben habt. Geben, geben, geben! Verehren, verehren, verehren! Das Haupt beugen und folgen! Ihr seid sehr gut im Folgen, aber ihr wißt nicht zu führen. Und führen bedeutet nicht, kleine Gruppen zusammenzusammeln und sie zu irgendeinem Platz marschieren zu lassen. Es bedeutet, *sich selbst* zu führen: *Selbst*-sicht.

Es ist Zeit für euch, euch selbst zu kennen, und Gott und den Christ zu finden, die beide in euch verborgen sind. Das Königreich des Himmels *ist* innerhalb eurer Sicht, weil es innerhalb des Fühlens liegt. Der einzige Weg, damit sich eure Ebene je verändern wird (und sie wird sich verändern) liegt darin, daß jede Wesenheit dieses erkennt.

Niemals ist etwas erschaffen worden, das größer oder geringer ist als ihr. Es *gibt* Wesenheiten im Unsichtbaren, sogar eine ziemliche Schar. Aber daß sie unsichtbar sind, bedeutet nicht, daß sie mächtiger oder intelligenter wären als ihr. Sie sind ganz einfach Götter, die sich in einer anderen Frequenz ausdrücken, einer anderen Schwingung, auf einer anderen Ebene.

Nun, es gibt Zeiten, in denen ihr mich verwünschen werdet. Das ist in Ordnung; ich werde nach wie vor der Wind sein, und ich werde euch nach wie vor lieben, trotz eurer Flüche; denn es ist mir *gleichgültig,* was ihr über mich denkt. Auch kümmert es mich nicht, was eure Reporter denken, daß ich bin. Ich bin ein großer Meister. Und das, was ich bin, *bin* ich für immer und immer und immer. Folglich ist es nicht von Bedeutung, was ihr mit eurem begrenzten Geist von mir haltet. Was aber *ihr* von *euch* selbst haltet, das ist von Bedeutung! Es ist unwichtig, woher ich gekommen bin, wie ich aussehe, oder was ich vor fünfunddreißigtausend Jahren gesagt habe. Aber zu sehen, wer ihr in dem Abenteuer genannt "Selbst" seid, ist alles, was wichtig ist. Wenn ihr nur das große Wissen lernt, für das ihr hierher gekommen seid, und wir damit beginnen, eure Unwissenheit und eure begrenzten Glaubensanschauungen von euch abzuschälen, dann ist es doch wirklich ohne Bedeutung, was ich bin, oder? Wenn mein Kostüm ein paar herzhafte Lacher hervorbringt, ist das auch in Ordnung. Eines Tages werdet ihr wissen und sehen, wer ich bin, weil dies dann geschieht, wenn ihr euch selbst kennt und seht. Versteht ihr?

Zuhörer: Ja.

Ramtha: Nun, es ist mir niemals etwas zu hoch - oder zu gering - gewesen, *alles* zu tun, um etwas klarzumachen. *(Zuhörer lachen)* Nun, das ist eine Wahrheit! Da gibt es jene, die ganze Vermögen verloren haben, nur um sie zu einem Verstehen zu bringen. Da gibt es jene, die *alles* erlangt haben, einfach um zu beweisen, daß sie dazu fähig wären. Das spielt alles keine Rolle! Ich werde tun, was immer nötig ist. Und meine Boten sind solch eine bunte Gesellschaft, daß, wenn der Befehl ausgegeben ist, sie eilen und nach Geheiß tun. Sie werden euch ein aufeinanderfolgendes Verstehen vermitteln, durch das ihr dahingelangen werdet, tief zu lieben, was ihr seid. Und es wird Momente geben, in denen ihr vollkommen allein sein werdet und ihr dennoch finden werdet, daß es *wundervoll* ist. Was immer es braucht, das Gefühl, das Wissen verständlich zu machen, wird geschehen.

Nun also, Seelengefährten. "Na endlich macht er damit weiter!" *(Zuhörer lachen)* Nun, seht ihr, es ist immer sehr geschickt, die Grundregeln festzulegen, bevor man sich ganz in eine Sache vertieft.

Besitzt ihr alle jenes Rätsel, jenen Liebsten, der in euren Träumen ein- und ausgeht, jenes makellose Wunschbild von Ritterschaft und Weiblichkeit? In der Tat! Jeder von euch besitzt dies! Es gibt nicht *eine* Wesenheit, die nicht einen Seelengefährten besitzt.

Wißt ihr, es ist etwas Wunderliches um den Menschen: sobald man ihm erzählt, daß ihm etwas *gehört,* gibt es nur wenige Dinge, die er nicht tun würde, um es zu bekommen - selbst wenn er nicht einmal *versteht,* was er wünscht! Er will es allein deshalb haben, weil jemand sagt, daß es ihm gehört. Nun, in Bezug auf das Lernen kann das sehr vorteilhaft sein.

Jeder von euch hat einen Seelengefährten. Seit zehn Millionen Jahren habt ihr einen. Braucht ihr einen? Oh, absolut! *(Erhebt sein Glas zu einem Trinkspruch)* Auf die Seelengefährten!

Zuhörer: Auf die Seelengefährten.

Ramtha: Nun denn, euer erster Bote. Ich schicke euch allen eine Manifestation des Abbildes dessen, was eurer Vorstellung nach der perfekte Mann oder die perfekte Frau ist. Ich möchte, daß ihr ganz in euren Phantasien aufgeht. Wißt ihr, was eine Phantasie ist? Natürlich wißt ihr das! Ihr werdet also in eurer Phantasie von eurem perfekten Liebsten aufgehen. So sei es! *Erster* Bote.

Nun, ein Seelengefährte ist kein Ding; er ist kein Gegenstand. Er ist eine Seele/Geist-Wesenheit, die entweder humanoid ist oder gewesen ist. Wißt ihr, daß ihr alle "Humanoiden" seid? Kein besonders schönes Wort, "Humanoiden". Aber dies ist es, was ihr letztlich seid: Gott, in fleischlicher Materie offenbart.

Es gibt sehr wenige Wesenheiten, die ihren Seelengefährten jemals finden, jemals! Ihr alle habt *Lebenszeiten* verbracht, ohne den anderen Teil eurer selbst jemals zu Gesicht zu bekommen. Warum seid ihr nicht zusammengekommen? Warum seid ihr jener Person nicht begegnet? Nun, es gibt jene unter euch, die *meinten,* sie hätten ihren Seelengefährten getroffen, aber das dauerte nur eine Weile, und dann war gewissermaßen die Antriebskraft verbraucht. Somit erkanntet ihr, daß das nicht der Seelengefährte gewesen war - denn natürlich wäre jener beständig und erfüllend und für euch *alles* gewesen, was ihr euch nur wünschtet. Nun, ihr verlangt ungeheuer viel von einem anderen, nicht wahr? Wie ist das mit *euch selbst?* Seid *ihr* wünschenswert? Seid *ihr* Erfüllung bringend? Ist es eine Freude, *euch* um sich zu haben? Seid ihr inspirierend? Seid ihr demütig? Besitzt ihr Ehre, Integrität, Tugend? *Ja?* Mit anderen Worten, wenn ich sagte: "Seht nur! Seht zur Tür! Komm hervor Seelengefährte!"- und ihr würdet euch mit großer Erwartung umdrehen, um zu sehen, wie euer Seelengefährte aussieht - was würdet ihr tun, wenn *ihr* es wärt, der zur Türe hereinkommt, mit all *euren* Blockaden und Begrenzungen?

Es ist ungöttlich selbstsüchtig, von jemand anderem zu erwarten, daß er euch glücklich macht. Ihr verdient das nicht. Wißt ihr, weshalb nicht? Weil, wenn ihr euch selbst nicht genug geliebt habt, um euch selbst glücklich zu machen, wer möchte da schon den Besen aufnehmen und "sich daran machen"? Niemand, von dem *ich* wüßte.

Nun, der zweite Bote. Ich schicke euch einen Traum. In dem Traum wird ein Liebhaber erscheinen (oder wenigstens glaubt ihr, diese Wesenheit sei einer). Ihr werdet mit ausgestreckten Armen warten, und es wird eine Wesenheit kommen, die eine Maske trägt. Wißt ihr, was Maskenspieler sind? Die Wesenheit wird all das sein, wovon ihr meint, was ein Seelengefährte eurer Meinung nach *nicht* sein sollte. Und ihr werdet euch befehlen aufzuwachen und aus dem dummen Traum herauszukommen. Aber die Wesenheit , die die Maske trägt, wird euch einfach herunter*ziehen.* Und ihr werdet durch solch einen Traum hindurchgehen, daß ihr glauben werdet, er hätte hundert Jahre gedauert! Am Ende des Traumes, wenn der Morgen sich am Horizont erhebt, und goldene Zepter durch den Schleier der Nacht dringen, werdet ihr von eurem Schlaf erwachen - aber nicht, bevor ihr nicht aufgebracht genug seid, um der Wesenheit die Maske vom Gesicht zu nehmen, nur um zu entdecken, daß *ihr* es wart. Mit anderen Worten, ihr werdet einen Bettgefährten für eine Nacht bekommen, und das werdet ihr selbst sein. Versteht ihr?

Zuhörer: Ja.

Ramtha: Nun, ich wünsche, daß dies ein *sehr schwerer* Traum ist. Und ihr werdet euch an alles erinnern. Denn nur wenn ihr *euch* kennt, könnt ihr anfangen, euer Handeln zu säubern. Abgemacht?

Zuhörer: Abgemacht!

Ramtha: So sei es!

Was macht *euch* zu einem so phantastischen Geschenk für jemand anderen? So phantastisch seid ihr nicht, denn ihr seid Leute, die weder geben noch empfangen können, da ihr an so vielen Illusionen hängt. Also werde ich die Boten schicken und wir werden das durchführen, was man Hausputz nennt. Wenn ihr nicht ehrenhaft seid, werde ich euch eure Unehrenhaftigkeit einhundertfach zurückschicken! Wenn ihr nicht mitfühlend seid, wenn ihr nicht fühlt und nicht vergeben könnt, weil euer verändertes Ego (engl.: "Altered Ego" heißt wörtlich übersetzt "Verändertes Ego"; man kann es auch mit dem Begriff "Begrenztes Ego" übersetzen, wie es in dem Buch "RAMTHA" gewählt wurde; Anm. d. Übers.) es nicht zuläßt, daß ihr demütig seid, werde ich euch einen Peiniger schicken, der hundertmal so rücksichtslos ist! Wenn ihr nicht barmherzig seid, barmherzig! - Wißt ihr, was es heißt, Erbarmen zu haben? Was macht ihr, wenn ihr jemandem begegnet, der "am Ende ist", wie ihr das nennt? Wieviel Geld braucht es, euch *un*barmherzig zu machen?

Ich habe gesehen, wie barmherzig ihr mit Tieren umgegangen seid. Ich habe eure Zärtlichkeit bei Insekten gesehen. (Es gibt immer noch ein paar Insekten, die wirklich keine Barmherzigkeit in euch aufkommen ließen, aber letztendlich werdet ihr fähig werden, mit ihnen zu sprechen und ihnen zu sagen, sie mögen ihres Weges gehen.) Aber wenn es um *Gold* geht, seid ihr eine rücksichtslose Gesellschaft. Rücksichtslos! Ich habe einigen von euch Tests gesendet und sah euch wegen eines Dollars unbarmherzig werden! Ich werde es euch zurückschicken, eintausendfach, bis ihr lernt, daß die Tugend der Barmherzigkeit keinen Preis hat. Ganz gleich, wieviel jemand euch schuldet, - ist es das wert, euch selbst durch Rücksichtslosigkeit, durch Nichtvergebenwollen und durch Nichtzulassen so herunterzubringen?

Wißt ihr, ihr seid *sehr* kleinlich. Ihr wollt erleuchtet sein, doch ihr seid sehr kleinlich. Was ist Gold wert? Was erreicht ebenbürtigen Wert? Welchen Wert haben all diese Dinge verglichen mit dem zeitlosen

Fließen, das man ewiges Leben nennt? Könnt ihr sie mit euch nehmen? Nein! Aber das unbarmherzige Gefühl *werdet* ihr mit euch nehmen, weil es in der Seele verbleibt. Und das ist ein Blutegel, eine Schicht, die um euren Körper eine Linie zieht und das Licht verdeckt.

Ich werde ein klein wenig Verwüstung in eurem Leben verursachen. Es gibt Wesenheiten in eurem Leben, die euch Yen, Mark, Rupien, Schekel, Dollars oder Pence, oder wie immer ihr Gold bezeichnet, schulden. Und bis jetzt waren sie sehr gut im Zurückzahlen. Aber ganz plötzlich werden sie euch nichts mehr geben, da sie Probleme haben. Ich möchte sehen, wieviel Gewicht ihr auf ihre Schultern ladet, damit ihr selbst weiterhin vornehm leben könnt. Also werden wir dem ein wenig Einhalt gebieten. Ich möchte sehen, wie unbegrenzt, wie barmherzig, wie tugendhaft ihr sein könnt. Ich werde euch drei diesbezügliche Boten schicken. So sei es!

Nun, wißt ihr, was "groupies" sind? (Menschen in Cliquen; Anm. d. Übers.) Sie sind wie Herdentiere. Sie halten zusammen. Sie rotten sich gegen andere zusammen. Sie klatschen über die anderen Tiere. Sie können niemals miteinander auskommen, dennoch müssen sie zusammenbleiben.

Nun, ich habe gesehen, wie ihr euch gegen andere zusammengerottet habt. Ich habe euch eine Wahrheit erschaffen sehen, die man Klatsch nennt. Ich habe beobachtet, wie ihr durch diese Wahrheit einem anderen die Schönheit und die Freude genommen habt. Ich sende euch eure Verurteilungen einhundertfach zurück, damit ihr die Erfahrung dessen machen könnt, was ihr einem anderen auferlegt habt.

Wißt ihr, was Ehre, Integrität und Würde bedeuten? Nein, das wißt ihr nicht! Denn *sie* sind nicht Teil eurer Identität. Wißt ihr, wie man in Güte lebt? Nein, aber ihr werdet es wissen. Ich werde Boten zu euch schicken, um euch zu lehren, wie man ehrenhaft ist, wie man verzeihend ist und wie man liebt. Was haben diese Themen mit dem Grund für euer Kommen zu dieser Zusammenkunft zu tun? Sie sind Teil eurer Reinigung, um euch für euren Seelengefährten vorzeigbar zu machen - denn *euer* Ideal besitzt *alle* diese Tugenden.

Müßt ihr euren Seelengefährten haben, um Gott zu werden? Ihr werdet diese Wesenheit/Essenz immer bei euch haben; aber nein, dazu müßt ihr ihn nicht haben. Müßt ihr mit eurem Seelengefährten leben, um glücklich zu sein? Nein. Müßt ihr losziehen und euren Seelengefährten ausfindig machen? Nein. Das Wissen, das ich euch an diesen Tagen lehren werde, und die Boten, die kommen werden, werden euch das Verständnis darüber vermitteln, weshalb ich so antworte.

Nun, ich werde euch zurückführen zum Anfang der Schöpfung, damit ihr versteht, was die Wissenschaft von den Seelengefährten bedeutet. Es würde ein ganzes Leben brauchen, den Prozeß zu erläutern, folglich werde ich euch nur eine sehr kurze Übersicht über das ewige Mysterium dessen, wie alles begann, geben. Ihr werdet euch ein Bild machen können. Wenn nicht, sende ich euch eine Vision, damit ihr es sehen könnt.

Nun, zu GOTT. Ihr denkt in vielerlei Weise an GOTT. Eure Realität macht sich von der allweisen wissenden Intelligenz einen Begriff in vielerlei Formen. Aber einem größeren Verständnis nach ist GOTT: GEDANKE. Bevor es einen Anfang gab, gab es einzig den GEDANKEN - ohne Licht, ohne Bewegung, ohne Materie.

Wenn ich jeden Stern, jeden Planeten, jede Sonne aus diesem Universum entfernen würde (mit anderen Worten, ich würde einen Staubsauger nehmen und es wegsaugen), was würdet ihr dann sehen? Ihr würdet nichts sehen, denn es gäbe kein Licht. Ihr wärt lediglich fähig, wahrzunehmen. (Nun, das ist schwieriges Material!) Ohne Licht kann das Auge nicht sehen; es kann keine Bewegung erkennen.

GEDANKE, welcher GOTT ist, bewegt sich nicht; er *ist*. LICHT ist es, das Bewegung zuläßt. Ohne LICHT gibt es nur leeren Raum, ohne Entfernung, ohne Maßeinheit, ohne Anfang und ohne Ende ... das ewige JETZT.

Was glaubt ihr, erhält eure Welt aufrecht? Was verhindert, daß ihr davon herunterfallt? Was ist es? Ihr sagt, es sei der leere Raum! Nein, es ist GEDANKE, es ist das IST. Das ist die Tribüne, die Ewigkeit genannt wird.

Und es kam eine Stunde, da GEDANKE sich nach innen wandte und über seine Unermeßlichkeit nachdachte. Mit anderen Worten, GEDANKE dachte über sich selbst nach. Als er das tat, wurde LICHT geboren. Das war die Geburt des WISSENS.

Licht, wie ihr es kennt, besteht aus Partikeln. Im Partikel habt ihr positive/negative elektrische Ladung, die es kohäsiv und explosiv erhält. Aber in seiner höchsten Form ist Licht ungeteilte Partikel, die in sich alle Potentiale niedrigerer Einheiten enthalten und in sich tragen.

Und jedes Lichtpartikel ist eine Kohäsion von individuellen, sich ausdrückenden Gedanken.

Ihr seid aus GOTT geboren, aus dem IST, aus dem RAUM, wenn ihr so wollt, als GEDANKE über sich selbst nachdachte, und dieses Nachdenken zu LICHT, zur BEWEGUNG wurde. Also, jeder von euch wurde am Anfang ein Lichtpartikel. Das ist eure höchste, *individuelle* Form. Im Anbeginn herrschte also jeder von euch. Ihr *wart* "der Beginn", denn *ihr* erschuft die Zeit.

Wißt ihr, wie Elektrizität geschaffen wurde? Durch Herabsetzen von Licht. Denn wenn man Licht nimmt und es herabsetzt (das heißt, man verlangsamt seine Frequenz), teilt man es in eine positive/negative Ladung; dadurch erhält man magnetische Felder. Wußtet ihr das? *(Sieht die nichtssagenden Mienen der Zuhörer)* Ihr wißt es *nicht*. Nun, vielleicht *wird* dies hier doch noch ein Physikunterricht! Man erhält aber nur dann ein Magnetfeld, wenn man eine negative und positive Energie hat.

Als das IST über sich selbst nachdachte und damit BEWEGUNG gebar, LICHT gebar, da war dies der Moment, als alle Götter geboren wurden. Jeder von euch wurde eine Lichtpartikel, ein Ganzes, ein Gott. Und die Götter, die sofort mit Seelen ausgestattet waren, kreierten aus ihren eigenen Gedankenprozessen.

Von den Lichtpartikeln wurden Gase erschaffen, die wiederum das entstehen ließen, was eure Wissenschaftler für einen "großen Knall" halten, für eine riesige Explosion - ihr wißt schon, wenn peng! sozusagen alles auf einmal geschieht. Nun, ihr könnt es so ausdrücken, wenn ihr versuchen wollt, Zeit zu bemessen, aber es geschah nicht ganz so auf diese Weise! Das bedeutet nur, Zeit zu messen. Ihr müßt Zeit vergessen, wenn ihr wissen wollt. Aber es waren die Götter, die danach alles durch die Seelen ihres Seins erschufen.

Nun, ich weiß, welche *Meinung* viele von euch darüber haben, wo sich die Seele befindet. Aber sie befindet sich nicht in eurem Kopf. Eure Seele sitzt hier, in einer Höhle neben dem ewigen Muskel, eurem Herzen. In der Höhle gibt es eine Lichtessenz, und sie wiegt dreizehn Unzen (1 Unze = 28,35g; Anm. d. Übers.). Wenn ihr in eurer Seele Liebe fühlt, dann denkt ihr, es käme von eurem Herzen. Aber euer Herz ist nur eine Pumpe; es verliebt sich in nichts. Die Seele ist es, die fühlt.

Die einzige Art und Weise, daß die Lichtpartikel oder die Götter aus dem Gedanken heraus, der von ihrem Vater stammt, dem Gedankenfluß, der ihnen Leben gab, erschaffen konnten, war, etwas zu besitzen, was man die Seele nennt, die den Gedanken stillhalten konnte. Ich bezeichne die Seele als den Herrn eures Seins. Der *Gott* eures Seins ist euer Geist (engl.: spirit). Er ist das grandiose Licht, das alles umfaßt, was ihr seid. Versteht ihr?

Eure Seele gleicht einem Computer. Sie hält Gedanken fest und speichert sie. Ohne eure Seele hättet ihr über nichts Wissen, könntet ihr nichts ausdrücken, könntet ihr nichts erschaffen, *würdet* ihr nichts sein, außer IST. Die Seele zeichnet jeden Gedanken auf, den ihr jemals hattet. Nicht als einen Gedanken zeichnet sie ihn auf, sondern vielmehr als das, was der Gedanke eurer Lichtform elektrisch widerfahren ließ; man nennt es Gefühle. Gefühle sind die Grundlage der gasförmigen Materie eures Universums; sie *erschufen* gasförmige Materie.

Habt ihr von Atomen gehört? Das ist ein anderes Universum. Was den Atomen, dem inneren Universum, Substanz gibt, ist ein Partikel, das man das Z-Partikel nennt. Das war das erste *manifestierte* Gefühl; und es gab eurem gesamten Universum das Leben.

Materie wurde aus den großen Sonnen geboren. Sie setzten die elektrische Ladung herab, um gasförmige Materie zu erschaffen, von der sich endlose Zeit Partikel ausstreuten. Und immer schon erlaubte der Raum, die Stille, die Leere, GEDANKE genannt, dem Licht, auf ihm zu spielen. So, Materie ist geboren, aber die Götter, die Lichtpartikel, sind nach wie vor die Vorherrscher.

Götter schufen den ersten bewohnbaren Planeten in eurem Sonnensystem. Er wurde Melina genannt, und er war der erste Planet, der aus eurer Sonne heraus geboren wurde. Er wurde geschaffen, indem Licht Masse gebar, ein natürlicher Vorgang. Dort spielten dann die Götter, indem sie Lichtformen erschufen. (Zu diesem Zeitpunkt seid ihr, die Götter, jeder, immer noch ein Gott, *ungeteilt.* Also seid ihr sozusagen ohne Geschlecht) Als die Götter durch ihren Wettbewerbsgeist Melina zerstörten (Überbleibsel davon umkreisen jetzt den Saturn), gingen viele von ihnen zu weit entfernten Bereichen eures Universums, wo sie auch am heutigen Tag nach eurer Zeitrechnung noch zu finden sind. Andere gingen zu dem Planeten, der mit eurer Erde auf einer Linie, aber auf der anderen Seite der Sonne liegt, zu einem Planeten, den eure Wissenschaftler noch vor Ende dieses Jahrhunderts entdecken werden.

Es gibt also noch einen Planeten da draußen, von dem ihr nicht wußtet, daß ihr ihn habt.

Nachdem Melina zerstört war, entwickelte sich eure Erde, genannt Terra, aus der Seite eurer Mutter Sonne heraus und wurde in die Umlaufbahn gesetzt. Durch ihre Umdrehung kühlte sie sich ab. Und es kam die Zeit (wir sprechen von Milliarden und Abermilliarden von Jahren, wobei es in Wirklichkeit keine Zeit gibt) daß sie befruchtet wurde und sich für Leben bereit fand.

Habt ihr je den Planeten Venus gesehen? Wenn nicht, werde ich euch eine Photographie von ihr schicken. Wußtet ihr, daß dieser Planet die neue Erde ist?

Venus ist in Wolken eingehüllt, nicht wahr? Warum glaubt ihr sind die Wolken dort? Sie sind Ozeane im Stratum, die eines Tages die Ozeane auf jenem Planeten sein werden. Durch wässrige Substanz wird auf der Oberfläche jenes Planeten Leben entstehen. Dort ist ein Paradies. Die Temperatur ist konstant, weil die Wolkendecke ein Leiter für Licht ist. Sie nimmt das Licht von der Sonne und zerstreut es gleichmäßig um den Planeten herum. Deshalb gleicht der ganze Planet einem warmen Schoß, in welchem sich neue Lebensformen entwickeln, genau so, wie es hier einmal geschah. Es ist eine Reaktion und ein weiteres Spiel, ein weiteres Drama, das sich ereignet. *(Nimmt sein Glas auf und bringt einen Trinkspruch aus)* Auf die Schöpfung! Mögt ihr alles wissen!

Zuhörer: Auf die Schöpfung!

Ramtha: Eure Erde entwickelte sich also. Einst war sie von genau so einer Wolkendecke umgeben, wie sie die Venus jetzt umgibt. Eure riesigen Ozeane waren ursprünglich diese Wolkendecke. Zur rechten Zeit kam das Leben hier auf eine dreidimensionale Stufe von wässriger Substanz. Nun sind wir also vom Licht zum Wasser gelangt. Und die Götter erschufen aus ihrem Verlangen heraus, kraft ihrer Seelen, die zellulare Masse jedweder Lebensform auf eurer Erde.

Denkt einen Augenblick darüber nach. Habt ihr je einem exotischen Kolibri zugeschaut, wie er den Nektar aus einer Lilie sammelt? Wenn nicht, schicke ich euch einen. So sei es! Habt ihr je die Metamorphose eines Wurms zu einem prachtvoll geschmückten Schmetterling beobachtet? Wenn nicht, schicke ich euch einen. Habt ihr je den Perlenschimmer eines Fisches in einem murmelnden Bach um die Mittagsstunde gesehen? Habt ihr je einen Regenbogen unter dem Meer bemerkt? Wenn nicht, schicke ich euch dorthin, wo ihr einen sehen könnt.

Habt ihr je gezählt, wie viele Insektenarten es gibt? Habt ihr je die Arten des Tierreichs gezählt? Habt ihr je einen Kristall hochgehalten und in einer Mittagssonne, einer Abendsonne, oder bei dem Licht des Mondes durch ihn hindurchgeschaut? Und wie viele Arten von Blumen gibt es? Wie viele Farnarten gibt es? Und wer entschied, daß Moos immer nur an der Nordseite von Dingen wachsen solle, damit es für Vorübergehende als Laterne diene? Wer erschuf jene Dinge?

Wer lehrte den großen Reiher, wie er dadurch im Meer Fische fängt, daß er die Fische erschreckt und sie an das Ufer treibt, und dann seine Augen mit seinem Flügel beschattet, während er in das Wasser schaut, um die Fische zu entdecken? *Wer* gab ihm diese Intelligenz? Wer gab einer Blume die Intelligenz, wie verderbendes Fleisch zu riechen und sogar so *auszusehen?* Wer entwarf sie so, daß sie eine Fliege dazu anlocken würde hineinzuschlüpfen und ihre Eier im Innern der Blume abzulegen, um Maden zu erschaffen, die von der Blume verdaut würden? *Wer* schuf das? Wer erschuf die grandiose Pflanze, daß sie ein Blatt so breit wachsen ließe, daß sie es um sich selbst wickeln könnte, um den Morgentau zu sammeln, Tropfen für kostbaren Tropfen, damit ein ganz besonderer kleiner Frosch dort leben und ihr Gesellschaft leisten könnte? Wer erschuf das? Wer gab ihnen dieses erhabene Wissen?

Welcher von euch Ägyptern aus einem vergangenen Leben erschuf den ägyptischen Storch, der einen Stein aufnehmen kann, damit er ein Straußenei zerbrechen kann, indem er den Stein immer wieder darauf fallen läßt, bis es zerbricht? Welche von euch klugen Wesenheiten lehrte ihn dies?

Wer lehrte den Lachs, wie man in einem fernen, fernen Meer lebt und sich vergnügt? Und wenn ihr Leben vollbracht und ihre Seele reich an Erfahrungen war, wer lehrte sie, wie man eine neue Generation hervorbringt, damit sie selbst als ihre eigenen Jungen wiederkehren und sich von dem verrottenden Fleisch ihrer vorherigen Körper ernähren könnten, die nun ruhig in einem reinen Strom lagen? Wer lehrte sie, wie man das macht? Hmmm?

Welche von euch Frauen lehrte die Gazelle wie eine kleine Tänzerin zu eilen, allem Anschein nach mit Flügeln geboren? Wer lehrte sie, ihr

Baby zu gebären? Wer flüsterte dem Baby ins Ohr, stillzuhalten wie ein Stein? Wer gab dem Baby das Wissen, keinen Geruch auszuströmen? Wer bewirkte all diese Dinge?

Das sind nur einige wenige der Wunder dieses Lebens. Aber wißt ihr, wer all diese Dinge tat? *Ihr* tatet sie. Wißt ihr, *wie* ihr das gemacht habt? Indem ihr aus dem IST heraus fühltet und indem ihr jene Emotion im Innern eurer Seele festhieltet. Ihr habt alles ins Leben hineingefühlt. Ihr habt in jene schöpferischen, wässrigen Formen, die man Zellen nennt, das Leben eingehaucht. Ihr gabt den Zellen ein *Muster*.

Wußtet ihr, daß jede Zelle das Muster des Ganzen besitzt? Wußtet ihr, daß eure Wissenschaftler von einem Gewebefetzchen eurer Nase ein Duplikat klonen können? Es ist wahr.

Ihr habt dem, was ihr erschuft, dadurch Leben eingehaucht, daß ihr es ins Dasein hineinfühltet. Dieser "Atem" bedeutete nicht, daß es sich um ein atmendes Geschöpf handeln konnte. Der Atem des Lebens bedeutete die "Muster der Bestimmung". Ihr gabt euren Schöpfungen ihre Intelligenz, die weiter und weiter und weitergehen würde. Klingt absurd? Nun, es ist noch viel mehr dran an dieser Geschichte. Ich werde euch Boten in Form von Visionen senden, und sie werden da die Lücken füllen, wo es keine Worte gibt. So sei es!

Zuhörer: So sei es!

Ramtha: Nun, wußtet ihr, daß Gedanke durch Materie hindurchgehen kann? Nun, ihr habt Visionen von geistigen Wesenheiten und Geistern, die durch Wände gehen, richtig? Sie *tun* das, weil sie auf einer höheren Frequenz schwingen als die dreidimensionale Frequenz. Dreidimensionalität ist Masse, die verdichteter Gedanke ist, aber ein Gedanke kann durch sie hindurchgehen.

Was bedeutete das für euch? Es bedeutete, daß ihr die von euch erschaffene Rose nicht riechen konntet oder jenes pelzige kleine Geschöpf, genannt Otter, nicht berühren konntet, obwohl ihr die Muster ihrer Bestimmung in eure Schöpfungen, in die ganze Welt, hineingehaucht hattet. Ihr konntet nicht kosen, riechen, schmecken, hören, sehen. Ihr konntet lediglich *wahrnehmen*. Der einzige Weg, Teil dieses blühenden Königreichs zu werden, lag darin, eure Frequenz herabzusetzen und *euch selbst* hinein in Masse zu verdichten. Und dies war es, als ihr wirklich in Schwierigkeiten kamt.

Die Götter erschufen und besaßen Körper, damit sie das Reich, das sie hier erschaffen hatten, auch erfahren konnten. Und ich muß euch sagen, wenn wir heute einen jener Körper hier hervorbringen würden, wärt ihr entsetzt. Entsetzt! Denn er war nicht das, was ihr als schön bezeichnen würdet. Aber er war ein wunderbares Fahrzeug, das den Göttern gestattete, in diesem Königreich ein- und auszugehen.

Nun, am Anfang der Experimente mit dem Menschen wurden Körper einfach nur hergestellt. Ihr kennt Körper? Nun, sie waren gewissermaßen wie eure Garderobe. Ihr hattet eine Auswahl von ihnen, aber sie waren ohne Geschlecht. Und es war für einen Gott sehr leicht, einen Körper zu erschaffen. Alles was er tun mußte war, ihn sich zu *denken* und zu *fühlen,* und er entstand! Das ist die Art, wie ihr alles manifestiert.

Nun, es kam eine Stunde, als die Götter Körper zu erschaffen wünschten, die die Einzigartigkeit eines jeden Gottes widerspiegelten. Also dachten sie nach, wie es das IST einst tat, und sie kamen auf die Idee, männliche und weibliche Körper zu erschaffen, die sich paaren könnten, um die Spezies, genannt Mensch, hervorzubringen. Das einzige Problem bestand darin, daß kein Gott entweder männlich *oder* weiblich werden wollte! So dachten sie sich aus, *beides* zu werden, indem sie sich "herabsetzten" (im Sinne von: ihre Frequenz verlangsamten; Anm. d. Übers.) und sich teilten. Das bedeutete, ihr Licht und ihre Seelen herabzusetzen, sie also vom höchsten Punkt des Lichts zu der niedrigen elektrischen Ladung herabzusetzen, wo *Teilung* stattfindet - denn wenn man dieses große Licht nimmt und seine Frequenz herabsetzt, teilt es sich bald, um zu der Polarität von positiv und negativ zu werden.

Also setzten die Götter ihr Licht herab. Als es positiv/negativ wurde, teilten sich das Licht und die Seele. Und die Teilung würde bestehen bleiben, solange sie sich auf einer niedrigen Frequenz befänden.

Puuh! Da sind wir jetzt durch! Schöpfung ist immer eine "harte Sache"! *(Erhebt sein Glas mit einem Trinkspruch):* Auf die Teilung!

Zuhörer: Auf die Teilung!

Ramtha: Also, die Götter erschufen mittels zellularem Entwurf zwei Körper, einen, um die positive Ladung aufzunehmen und einen, um die negative Ladung aufzunehmen. Die negative sollte das weibliche Geschlecht genannt werden, die positive das männliche Geschlecht. Entsprechend der elektrischen Ladung, die der Körper beherbergte, würden die Hormone fließen. Das, was die Tür zum Hormonfluß öffnete, würde die elektrische Energie im Körper sein.

So, im weiblichen Körper wurden die Türen festgelegt. Als die weibliche Energie, die negative, einen Körper besaß, der dafür entworfen war, diese Energie zu beherbergen, öffnete sie die Riegel; alle sieben Siegel öffneten sich, der Fluß des "Hormongleichgewichts" begann, und siehe! das weibliche Wesen war geboren. In den männlichen Körper, der ebenfalls die sieben Türen, die sieben Siegel, die sieben Chakren hatte, trat die positive Energie ein. Die Hormone begannen zu fließen, und siehe! das männliche Wesen war geboren. Erinnert euch, wir sprechen von *einem* Gott, der sich teilte und zu einem Paar von Körpern wurde: positiv *und* negativ.

Der Penis, die Hoden, die Brust, das Nest, die Vagina - das alles existierte nicht in der zellularen Masse des Körpers in dem Augenblick der Schöpfung. Die Steuerung durch die Hormone, ihre *Harmonie*, war es, die diese Dinge ins Leben rufen würde.

So, die negative Ladung trat in den weiblichen Körper ein. Während der Körper schlief, wuchsen die Brüste. Der Körper wurde weich und nahm Form an, da die sieben endokrinen Drüsen nun offen waren und Hormone, *Harmonie,* ausschütteten Die geteilte Geist-Seele befand sich in Harmonie mit jenem Körper. Die positive Ladung trat in den "Lehm" des männlichen Körpers ein, öffnete die Riegel der sieben Türen, und der Körper begann zur maskulinen Form zu wachsen.

Also, Mann vom Schlaf erwacht! und Frau vom Schlaf erwacht! - Seelengefährten, blicken einander in die Augen, zum allerersten Mal das Selbst *sehend!* Das Spiegelbild sehend, die Energie! Fühlend wie ihrer beider Seelen und Geist dieselbe Erfahrung teilen, lediglich in verschiedener Version. Fangt ihr an zu verstehen? Geht euch ein Licht auf? *(Nimmt sein Glas für einen weiteren Trinkspruch)* Auf das Leben!

Zuhörer: Auf das Leben!

Ramtha: Nun, habt ihr von dem Begriff "Genetik" gehört? Denkt einen Augenblick über die Wissenschaft der Vererbung nach. Überdenkt, wodurch genetisches Gedächtnis entsteht.

Ihr alle besitzt in euren Lenden oder eurem Schoß Samen, die das genetische Gedächtnis enthalten, um eine andere Wesenheit zu erschaffen. Was glaubt ihr, erschafft die Chromosomen, die das genetische Gedächtnis tragen? Nun, was hat *alles* erschaffen? Gefühle! Genetisches Gedächtnis wird durch *Emotion* erschaffen.

Vor zehn Millionen Jahren teilten sich auf eurer Ebene die Götter, um männliche/weibliche Energie zu werden; und jedes Abenteuer, das sie in der Materie hatten, brachte Emotion hervor. Jedesmal, wenn sie etwas mit hoher Emotion fühlten, erhielten die Chromosom-Strukturen innerhalb des Sperma und des Eis eine Aufzeichnung. *Das* ist es, was euren Körper erschafft, und zwar genau in diesem Augenblick. Das ist die Wissenschaft, die sich die Götter erdachten, um neue Körper mit neuen Charakteristiken zu kreieren, die sich unterscheiden würden, anders also als Klone.

So, Seelengefährten sind "geboren". Sie paaren sich. Doch bevor sie sich vereinigen, läuft der Mann vor einem Raubtier davon. Und während er rennt, wünscht er sich mit großer Emotion, daß seine Beine länger und geschwinder wären. In dem Augenblick erschafft er durch *Begehren* ein neues Muster in seiner Chromosom-Struktur. Die Chromosomen sind also geändert. Er läuft zurück zu seiner Hütte, um seine Gefährtin zu finden, die den Tag voller Freude im Geiste verbrachte. Und so befindet sich in ihren Chromosomen die Aufzeichnung "glückliches Leben". Sie vereinigen sich, und ein physischer Körper wird empfangen, einer, der genetisch glückliche Zellen und längere Beine haben wird!

Andere Götter, die sich nun teilen, beginnen ihre Körper aus der Nachkommenschaft von Seelengefährten zu wählen. Die positive Energie aus der Teilung wählt einen Körper mit positiver Ladung. Wenn er also eintritt, ist es ein neues Abenteuer von Geruch und Harmonie, das erste Mal an der Mutterbrust zu trinken, auf seines Vaters Schultern getragen zu werden und einen aufregenden Anblick einer Wiese zu erleben. Und wenn er zu seiner vollen Größe herangewachsen ist, wird er lange Glieder besitzen und seinen Vater überholen. Und sein Vater wird äußern: "Du in der Tat ein Sohn nach meinem Wunsche." Seht ihr, wie das funktioniert?

Zuhörer: Ja!

Ramtha: Was hat euch genetisch weiterentwickelt? Was verursachte Evolution? Was bewirkte, daß es weiterging? Was verursachte, daß eure Haut sich verfeinerte und euer Kopf größer wurde? *Gefühle.* Denn in jedem Augenblick manifestieren sich eure Emotionen. Und ratet, wodurch sie alle aufgezeichnet werden? Durch den Herrn eures Seins, eure unsterbliche Seele. Ihr habt also zehn Millionen Jahre lang auf dieser Ebene gelebt und habt euch durch Emotionen entwickelt.

Seelengefährten *teilten* miteinander das Paradies des Lebens hier, weil jeder von dem anderen das größte aller Geschenke erhielt: Gefühle. Die Freude der Frau, das Kind zu gebären - dieses *Gefühl* wurde dem Gefährten ihres Seins gegeben, dem anderen Teil ihrer selbst, ihrem Seelengefährten. Was für eine wunderbare "übersinnliche" Erfahrung fand hier statt? Sie waren *dieselbe* Seele, *derselbe* Geist. Und was immer der eine erlebte, fühlte der andere.

Im darauffolgenden Leben trafen sie vielleicht die Wahl, in verschiedenen Ländern entfernt voneinander zu sein, weil das jene Körper waren, die sie sich für ihr nächstes Abenteuer hinein ins Leben gewählt hatten.

Wo ist *euer* Seelengefährte gerade jetzt? Da gibt es jene unter euch, deren Seelengefährte in diesem Augenblick auf dieser Ebene weilt. Es gibt andere, deren Seelengefährte in diesem Augenblick auf einer anderen Ebene ist oder in diesem Augenblick in einem anderen Universum ist. Wißt ihr, was euch miteinander verbindet? Gefühle. Ihr seid einander immer so nahe. *So* nahe.

Der eine Gott teilte sich also und wurde zu zwei Individuen, Seelengefährten, und blieb doch nach wie vor ein Ganzes, *ein* Gott. Ihre Gedanken, die sich als Gefühle manifestieren, fließen zwischen ihnen. Ihr seid mit eurem Seelengefährten verknüpft wie mit einem göttlichen, dehnbaren Band. Es kann sich in die Ewigkeit ausdehnen und bleibt dennoch immer intakt. Ihr seid eurem Seelengefährten so nah wie die Entfernung eines Atemzuges, eines Augenblicks, einer Leidenschaft. Denn erinnert euch: Zeit, Entfernung und Raum bemessen oder trennen das Unsichtbare nicht, bemessen nicht das IST, genannt LEBEN.

Ich weiß, was einige von euch jetzt denken. "Ich *weiß,* mein Seelengefährte ist auf den Plejaden", denn das vermittelt euch eine Art von Arroganz. Nun, macht Schluß damit. "Tja, vielleicht ein anderer Ort, vielleicht irgendein exotisches fremdes Land." Denkt ihr, dorthin zu gehen und ihn zu finden, wäre eine wundervolle Erfahrung? Für die meisten von euch wäre es das nicht; denn ihr seid von Vorurteilen durchdrungen. Nicht wahr? Und es würde euch sehr schwerfallen, jemanden von einer anderen Rasse, einer anderen Hautfarbe zu akzeptieren.

Was ist mit dem jungen, muskulösen Mann, der da jeden Tag hart arbeitet? Er läuft nirgendwohin, er stemmt Hanteln, und er erlangt Muskelkraft bis sich seine Brust kräuselt - und führt doch gar keine Schlachten! Wie eitel! Und er träumt von seiner Traumfrau (obwohl es keinen Raum für sie gibt, weil er sich dauernd selbst im Spiegel ansieht). Nun, seine Seelengefährtin ist gerade einundachtzig Jahre alt! Ja, wäre das nicht ein Schlag für sein verändertes Ego?

Ihr seht, viele von euch haben sich im gesellschaftlichen Bewußtsein verloren - in Schönheitsidealen, Wohlstand, Reichtum, Ruhm Macht. Das sind eure Blockaden, das ist euer ganzer Traum. Ihr wollt schön sein, bc-*gehrens*-wert. Ihr wollt die Berühmtesten sein. Und ihr wollt *mächtig* sein, "am Ball sein". Ihr wollt all diese Dinge, weil sie euch irgendwie über das Gewöhnliche und Eintönige herausheben. Aber ihr lebt in einer Schachtel! Nun, ich habe eine Menge Boten, die bezüglich eurer Schachtel kommen werden, und ich werde euch in ihren Wänden einengen. Denn wenn ihr nach *Wissen* Ausschau haltet, müßt ihr das begrenzte Hirngespinst gesellschaftlichen Bewußtseins überschreiten.

Da gibt es jene unter euch, die an dem dogmatischen Glauben festhalten, daß sie Teil einer "Seelenfamilie" seien, daß sie viele Leben mit anderen Wesenheiten zusammengewesen seien! Aber wäre es denn nicht irgendwie langweilig, immer mit *demselben* alten Ehemann oder derselben Ehefrau verheiratet zu sein, zehn Millionen Jahre lang *dieselben* Bengel als Kinder zu haben? Überlegt das einmal. Benutzt euer Gehirn, euren Empfänger, und durchdenkt das!

Ihr seht Wesenheiten, die euch vertraut sind. Wenn ihr zu einem Hellseher geht, wird er euch genau erklären, wer sie für euch gewesen sind. Und ihr werdet es selbst dann akzeptieren, wenn es sich nicht richtig anfühlt. Nun, jene Wesenheiten *sind* euch vertraut, aber sie hätten der Ehemann, die Ehefrau, die Geschwister, die Mutter oder der Vater eures *Seelengefährten* gewesen sein können. Daher kommt die Vertrautheit, weil jeder von euch das Wissen des anderen *teilt*. Der eitle Tropf, der die Hanteln stemmt, und die alte Frau, die mit knorrigen Fingern strickt, teilen jene Erfahrung und jene Pein und jene subtile Anmut miteinander.

Ihr und euer Seelengefährte sammelt Erfahrungen, ihr lernt, ihr *teilt*. Was euer Seelengefährte erfahren hat, habt ihr erfahren und umgekehrt, weil ihr Wissen, weil ihr Verstehen miteinander teilt.

Kennt ihr das Wort "Hellseher"? Ist es nicht ein sehr verführerischer, mystischer, zeitgemäßer Begriff? Wißt ihr, daß jeder in diesem Raum *weiß*. Ihr braucht niemanden über eure Zukunft zu befragen, schaut einfach auf das, was ihr gerade macht, und was ihr gerade denkt.

Jeder hier ist ein "Hellseher". Um das zu beweisen, schicke ich euch einen weiteren Boten. Ihr werdet etwas wissen, und innerhalb von drei Tagen, siehe! wird es eintreffen. Dann könnt ihr "Hellseher" auf eure Visitenkarte drucken lassen und an eurem Auto ein Schild anbringen (Ich würde es euch nicht raten. Denn wenn ihr damit beginnt, anderen Menschen ihre Zukunft vorauszusagen, werden sie euch für diese verantwortlich machen.) Ich werde euch jene Manifestation senden, damit ihr alle eine Ahnung davon bekommt, daß ihr *wirklich* wißt.

Woher kommt wohl so manches von eurem Wissen? Wie wißt ihr manche Dinge auf "hellseherische" Weise? Weil mehr als wahrscheinlich euer Seelengefährte genau in dem Moment eine Erfahrung macht und ihr die dazugehörigen Gefühle empfangt. Daher wißt ihr.

Warum habt ihr ein Verlangen nach manchen Dingen? Seid ihr je über einen Marktplatz gegangen, und wie aus dem Nichts kam eine Vision eines saftigen Pfirsichs, der von einem Baum herunterhängt? Ihr seht den Nektar heraustropfen, und ihr wollt ihn haben! Also sucht ihr in jeder Ecke nach einem, bis ihr einen findet. Ihr beißt hinein, und - oh! wie süß er schmeckt!

Woher kam dieses Verlangen? Möglicherweise pflückte euer Seelengefährte gerade in dem Moment einen Pfirsich, rieb ihn an seinem Khakihemd, tat einen schönen, saftigen Biß hinein, und das machte euch verrückt! Daher kommen oft die Sehnsüchte. Wenn ihr Appetit auf etwas habt, geschieht das oft, weil euer Seelengefährte gerade das zum Abendessen hat. Wenn ihr das Bedürfnis habt, eure Kleider abzuwerfen und in einem See schwimmen zu gehen, geschieht das, weil euer Seelengefährte sich entkleidet hat und irgendwo in einem See ein Bad nimmt, und es ist so erfrischend! Daher kommen oft die Wünsche, und sie kommen und gehen. Alles was ihr tut, erlebt euer Seelengefährte - aber nicht mit dem physischen Körper, sondern mit dem spirituellen Körper. Versteht ihr?

Zuhörer: Ja.

Ramtha: Ihr und euer Seelengefährte seid für alle Zeit verbunden. Wenn wir einen Blick auf eure Vergangenheit werfen, ziehen wir zwei Wesenheiten in Betracht, nicht eine. Ihr zwei seid *ein* Gott auf einer erstaunlichen Reise. Ihr seid ein Gott, der sich sowohl als Mann *und* als Frau ausdrückt. Und ob ihr jemals oder nie zusammenkommt - ihr repräsentiert immer jenes Einssein, jene Ganzheit, die weder männlich noch weiblich ist, sondern beides. Und seit zehn Millionen Jahren habt ihr zusammen diese Ebene erkundet. Wie heißt doch jener Reklamespruch? "Verdoppeln Sie Ihr Vergnügen"?

Jetzt seid ihr an dem Punkt, über dieses Verständnis eine kleine Weile nachzudenken. Geht zur Wasserstelle, geht zur Latrine, bewegt eure Körper und kommt in nur wenigen Minuten zurück. Wir werden fortfahren.

So sei es!

Zuhörer: So sei es.

* * *

Freitag, Zweite Sitzung
10. Januar 1986

Nachdem die Mitglieder der Zuhörerschaft von der Pause zurückgekehrt sind und ihre Plätze wieder eingenommen haben, beginnt Ramtha seinen Vortrag zur zweiten Sitzung.

Ramtha: All ihr geliebten Meister, die ihr diese Lehren schon zuvor gehört habt, erhebt euch und bleibt einen Augenblick an eurem Platz stehen. *(Sie stehen.)* Alle von euch in dieser Abteilung, die ihr diese Lehren noch *nicht* gehört habt, steht auf, und nehmt die Sitze von jenen Wesenheiten ein. Ich möchte euch "alte Kenner" alle in einer Abteilung haben. Also wechselt die Plätze. *(Alle fangen gleichzeitig an zu reden und sich in Bewegung zu setzen.)* Es geht doch nichts über eine kleine Verwirrung, eh?

Frau: Ramtha, meinst Du diejenigen, die bei *irgendeinem* Intensivseminar dabei waren oder nur die von dem kürzlichen Intesivseminar über Seelengefährten?

Ramtha: (Ruft) Ich beziehe mich auf alle, die bei den letzten Lehren über Seelengefährten dabei waren. Ihr, setzt euch in diesen Bereich. Jene, die nicht dabei waren, nehmt ihre Plätze ein. Ich lasse euch eure Territorien wechseln. Ist das nicht wundervoll; ihr kommt neben jemandem zu sitzen, neben dem ihr vorher nicht gesessen habt.

(Nachdem alle ihre Plätze eingenommen haben) Nun, hier beginnt die Schulung sich ein wenig zu teilen.

(Wendet sich an die "alten Kenner") Ihr seid also von der Gruppe abgesondert. Wir werden alle lehren, aber eure Boten werden anders sein als die für jene, die neu in dieser Zuhörerschaft sind. *(Erhebt sein*

Glas und sagt mit den Zuhörern den Trinkspruch) Auf das Leben! Für immer und immer und immer! So sei es!

Zuhörer: So sei es!

Ramtha: Nun, ich habe euch weggehen lassen, damit ihr nachdenkt, und ihr dachtet nur ein ganz klein wenig nach - und das war's schon! Ihr seid überall herumgewandert, habt "jeden überprüfend begutachtet". Nun, Meister, sollte ich *euch* überprüfend begutachten, würdet ihr hier nicht mehr sitzen.

In der Einführung, die ich euch gab, sprachen wir über die "Bewegungen und Vorgänge" der Schöpfung und darüber, daß ihr zu einem Punkt der Teilung gelangtet, zu einer Trennung der Wege. Ihr seid also dabei, eine Vorstellung davon zu bekommen, was ein Seelengefährte ist. Er ist euer *anderes* Selbst.

Nun, so etwas wie euer "*höheres Selbst*" oder "*niederes Selbst*" gibt es nicht. Wußtet ihr das? Es ist für euch nicht angebracht, von eurem "höheren Selbst" zu sprechen, denn wenn ihr das tut, erniedrigt euch das immer. Wußtet ihr das? Denn wenn ein Teil von euch höher ist, muß ein anderer Teil *immer* niedriger sein.

Spirituelles Dogma ist durchsetzt mit Geistern und Führern, anscheinend machtvollen, unsichtbaren Wesenheiten, von denen man sich vorstellt, daß sie großartiger, höher und mächtiger seien als ihr. Wesenheiten, es gibt nichts Größeres als *euch,* nichts!

Ihr besitzt kein höheres Selbst. Wenn ihr glauben wollt, daß ihr eines habt, drückt ihr euch vor euch selbst. Wußtet ihr das? Wenn ihr euch bemüht, "es zusammen zu bringen" - wißt ihr, was "es zusammen zu bringen" (im Sinne von: mit sich einig werden; Anm. d. Übers.) wirklich bedeutet? Es ist ein wunderlicher Begriff. Er bedeutet, vom Negativ/ Positiv in die Mitte zu gelangen, denn das ist es, wo der Friede liegt. Es zusammen zu bringen ist viel schwieriger, wenn ihr versuchen müßt, "zahlreiche" Selbst einzufangen und zusammen zu bringen! Ihr müßt hinaufreichen und euer höheres Selbst herunter ziehen, und euer niederes Selbst müßt ihr heraufheben.

Wenn ihr glauben wollt, daß ihr "zahlreiche" Selbst habt, gebt ihr eure Macht an ein Dogma ab - an eine kreierte Wahrheit, die ohne jede Wertsubstanz ist. Versteht ihr? Ihr seid *durchsetzt* von Dogmen. Und sie sind eines der Dinge, die euer Licht verdecken.

Gott *ist!* Das IST ist wie die Einfachheit einer Linie. Es ist einfach,

einfach, einfach!

Wißt ihr, was Genius ist? Es bedeutet, Einfachheit zu erfassen. Wißt ihr, was Intellekt ist? Komplexität. Komplexität ist gleich Begrenzung. Einfachheit ist gleich Unbegrenztheit. Versteht ihr?

Mit eurem Intellekt und euren Kompliziertheiten macht ihr aus allem eine große Sache! Ihr macht so viel aus einer einfachen Sache, daß es sehr schwer für euch ist, aus der Illusion zu erwachen, um die Realität zu sehen.

Nun, sich zu bemühen, euch Wissen über die Wissenschaft der Seelengefährten zu geben ist, als ob man sich durch ein Labyrinth hindurcharbeitet. Und ihr habt diesen Irrgarten mit Dogmen, begrenzten Glaubensanschauungen und verschlossenem Geist (engl.: mind) erschaffen. Und je mehr ihr euren Geist verschließt, euren wunderbaren Empfänger, desto begrenzter werdet ihr, und desto größer wächst das Labyrinth.

Jedesmal, wenn ihr an etwas *glaubt,* gebt ihr eure Macht an diesen Glauben ab. Wußtet ihr das? Kein Wunder, daß ihr krank seid! Kein Wunder, daß ihr es nicht einmal vermögt, euch selbst zu heilen! Ihr könnt nichts bewirken, da eure einzige "Nahrung" für den Gedanken darin besteht, was andere denken anstelle des Genius, zu dem ihr direkten Zugang habt. Ihr lebt von dem, was "gesellschaftliches Bewußtsein" genannt wird. Ihr lebt von den begrenzten Gedanken anderer. Ihr lebt für einen "Groupie-Effekt". Wann immer ihr so handelt, gebt ihr eure Macht weg.

(Zu den Neuankömmlingen) Ich habe euch von dieser Gruppe getrennt. Sie erhalten bereits Boten. Sie sind schon auf ihrem Weg. Ich werde ihnen einen Aufschwung geben. Aber sie befinden sich immer noch in einem Labyrinth, genau wie ihr.

Nun, obwohl ich euch als Individuen anspreche, werdet ihr *und* euer Seelengefährte diese Botschaft vernehmen. Denn was ihr in dieser Zusammenkunft fühlt, wird auch euer Gefährte fühlen. Euer Seelengefährte wird seelische Blitze von diesem Geschehen empfangen.

Nun, die Einheit des Selbst. Jeder von euch hat ein anderes "Du". Das andere "Du" ist nicht höher oder niedriger; es ist einfach das andere. In einer unbegrenzten Form nennt man es "ICH BIN". Wußtet ihr das? Wußtet ihr, daß das "ICH BIN" das "ALLES-IN-ALLEM" ist, ohne Mauern, Grenzen und Anhängsel? Wußtet ihr, daß "ICH BIN" die

Erklärung von der Einheit des Selbst ist, für immer und immer und immer? Das beschreibt euch - und das andere "Du", das ihr seid.

Nun, hört mich an! Ihr habt eine sehr unangenehme, *unangenehme* Angewohnheit, nicht allem zuzuhören, was ich sage. Ihr liebt es, Sätze aus dem Zusammenhang zu pflücken und zu sagen: "Das ist Gesetz!" Ihr nehmt Teile aus den Lehren und daran haltet ihr fest. Was aber ist mit den *anderen* Dingen, die ich gesagt habe? Wenn ihr lernen wollt, dann hört *alles*, nicht nur das, was ihr hören *möchtet*. Hört allem zu! Wenn ihr das nicht tut, werdet ihr zu *Fanatikern*. Wißt ihr, was sie sind? Ich schicke euch einen Fanatiker, jemand, der niemals alles verstand, sondern nur Teile. Er kann jedem Kult, jedweder Religion entstammen. Ich schicke euch einen, und ihr werdet euch die Haare raufen! Der Grund dafür? Ich möchte, daß ihr euch bewußt werdet, wie *ich* mich fühle, wenn ich mit *euch* spreche. So sei es! Und ich werde dasitzen und ein herzhaftes Gelächter anstimmen.

(Zu den "alten Kennern") Nun, zurück zu euch! Ihr pflückt euch aus dem *Kontinuum* dieser Lehren nur die Dinge heraus, an denen ihr festhalten wollt. Und ihr sitzt geduldig da, wartet darauf, sie zu hören, nickt mit eurem Kopf und trinkt euer Wasser, und endlich hört ihr, was ihr hören wollt. Und, oh! wie ihr dann vor Freude springt! Denn aus dem Zusammenhang herausgenommen bestätigt die Aussage ein Dogma, das ihr euch zu eigen gemacht habt. Wenn ihr das jedoch tut, seid ihr ein Fanatiker! Und wenn ihr fanatisch seid, gelangt ihr nicht vom negativ/positiv hin zum Raum in der Mitte; ihr begebt euch zu *einem* Extrem; ihr senkt ein Ende der Waage.

Es gibt viele Wesenheiten, die sagen, daß sie mich sehr lieben; dennoch nehmen sie immer meine Lehren aus dem Zusammenhang - und sie tun es in *meinem* Namen. Kennt ihr den Begriff "es satt haben"? Wißt ihr, was er bedeutet: Ich bin nicht erfreut.

Wenn ich euch lehre, unterbreite ich ein *vollständiges* Verständnis einhergehend mit den Wundern. Sicherlich könnt ihr euch da herauspicken, was ihr wollt. Aber pickt nicht etwas heraus und behauptet, es repräsentiere die *Gesamtheit* meiner Lehren, denn das tut es nicht! Ihr werdet die Gesamtheit dieser Lehren *niemals* verstehen, bevor ihr nicht ohne begrenzte Form seid, denn das ist es, was *ich* bin!

Fanatiker sind dogmatische Wesenheiten. Sie bleiben in speziellen Redewendungen stecken, und diese werden zu ihrer Wahrheit, zu ihrem

Herrn, ihrem Leitstern, ihrem Feuer, ihrer Flamme. Und sie vergessen darüber das Sein und das Zulassen - jene göttlichen Worte, die eine unbegrenzte, sich bewegende Freude ausdrücken, die euch allen eigen ist. Ihr bleibt in Worten oder kleinen Redewendungen stecken, und ihr werft die Freude weg, die Liebe, die Verbindung, die *Super*-verbindung.

Fanatiker werden schon bald noch begrenzter in ihrer Wahrheit. Und so zornig und frustriert und unglücklich sind sie, daß sie sich selbst alsbald über den Rest der Welt stellen. Sie würden sogar zu jenen Tiefen sinken, den Rest der Welt zu *erschlagen*, um ihren Standpunkt, ihre Wahrheit zu beweisen!

Wehe euch - wenn ihr das, was ich sage, aus dem Zusammenhang nehmt und damit fanatisch werdet, denn ich werde euch jene begrenzte Wahrheit *eintausendfach* zurückschicken, bis ihr sagt: "Genug! Was *waren* die anderen Dinge, über die er sprach?" Abgemacht?

Zuhörer: Abgemacht.

Ramtha: So sei es!

Alles was ich je gesagt habe, und alle Worte, die ich je formuliert und ausgesprochen habe, sie alle galten einem einzigen großen Verständnis: *Ihr seid Gott.* Denn wenn ihr das erkennt, dann seid ihr *alles.* Dann gibt es keine Kriege, gibt es keine Glaubensanschauungen, gibt es keine Illusionen mehr. Es gibt nur Leben - herrlich, unbegrenzt! Wenn ihr das voll und ganz erkennt, habt ihr eure Macht zurückgewonnen, vollständig! Und diese Macht ist es, die euren Empfänger geöffnet haben wird, dergestalt daß, würde euer Arm jemals von seinem Gelenk abgetrennt, ihr sagen könntet: "Komme hervor!" und ein neuer würde sogleich an seiner Stelle wachsen. Es ist eine Macht von solcher Art, daß das einzige, was ihr zu tun braucht, ist, zu wünschen die andere Seite der Sonne zu sehen, und ihr wärt in einem Augenblick dort. *Jene* Art Macht ist es! Und nicht *einer* von euch hat sie zurückgefordert.

Alles was ich je gesagt habe, ist, daß ihr Gott seid. Und wenn das erkannt wird, ist Freude der Lohn, und das Leben ist das majestätische Abenteuer, in dem jene entfaltet werden kann.

Seelengefährten sind Gott. Sie sind Gott! Ihr und euer Seelengefährte seid nicht jeder *ein halber* Gott, mit einem bruchstückhaften Interesse an der anderen Hälfte! Ihr seid vollständig, individuell, genau da, wo ihr gerade seid, geboren seid/gelebt habt, ein Gott. Euer beider grandioses

Abenteuer ist, sich auf das Leben einzulassen, aus dem Traum zu erwachen, durch das Wissen aus dem Traum bereichert zu sein, und vom begrenzten Geist in den unbegrenzten Geist überzugehen. Was denkt ihr ist Superbewußtsein? Es ist Unbegrenzter Geist. Es ist vorhanden, wenn euer gesamtes Gehirn arbeitet.

Ihr denkt, ihr seid so intelligent? Wußtet ihr, daß ihr weniger als ein Drittel eurer Gehirnkraft benutzt? Also erzählt mir mal, daß ihr schlau seid.

Da gibt es jene unter euch, die sich in einem Prozeß eines inwendigen Zusammenbruchs befinden, und euer Gehirn stellt seine Tätigkeit ein, denn ihr seid *dekadente* Wesenheiten. Ihr habt die moralische Tugend der Lebensfreude verloren. Und wenn euer Gehirn "zumacht", existiert ihr nicht mehr auf dieser Ebene. Nicht mehr.

Zu lernen, was ich euch lehre, heißt, es zu fühlen, *alles* davon zu fühlen! Nicht Sätze zu wiederholen! Das lehrt euch nichts!

Seit Äonen habt ihr die unangenehme Angewohnheit gehabt, Dinge aus dem Zusammenhang zu nehmen. Ihr habt die Botschaft jedes großen Lehrers, der sich jemals auf dieser Ebene befand, verändert und umgeschrieben, weil ihr deren Wahrheit anders sehen wolltet. Damit habt ihr die Werte des Wissens verändert. Nun, das wird mit dem, was ich euch lehre, nicht geschehen; denn es soll rein bleiben, für immer und ewig, und zwar um euretwillen.

Nicht einer von euch hier oder irgendjemand, der jemals diesen Zusammenkünften beigewohnt hat, kann in meinem Namen sprechen. Ihr könnt nur für euch selbst sprechen. Diese Lehren sollen rein bleiben, damit sie die Stabilität besitzen, euch daran zu erinnern, daß ihr ein Licht für die Welt seid. Wenn ihr die Erfahrung eurer Boten gemacht habt, und euer Leben sich verändert hat, und ihr - vielleicht - vergessen habt, was am Ende des Regenbogens war, könnt ihr wiederkommen und erneut zuhören, denn diese Lehren werden immer noch da sein. Das nennt man Ewigkeit. Und sie werden dafür sorgen, daß der Brennpunkt eurer Konzentration auf die Mitte gerichtet bleibt, damit ihr voranschreiten könnt. Versteht ihr?

Zuhörer: Ja.

Ramtha: Nun, die Suche nach dem Seelengefährten. Es gibt jene unter euch, die bereit sind, ihre Ehemänner, ihre Ehefrauen, ihre Liebhaber, fallenzulassen, um auf die Suche nach dem Einhorn zu gehen. Ihr seid bereit, eure Familien und eure armselige Freude aufzugeben, um etwas zu suchen, das ihr *niemals* besitzen könnt, bevor ihr nicht *euch selbst besitzt.* Wenn ihr das fortwerft, was ihr bis zum gegenwärtigen Zeitpunkt erlangt habt, um loszuziehen und einen Seelengefährten zu finden, dann, ich versichere euch, steuert ihr auf eine Feuergrube zu, weil ihr nicht vorwärts geht; ihr reagiert rückwärts. Ihr wollt zurück zu der Tugend der Urzeit, die in Ewigkeit verloren ist. *Niemals* könnt ihr wieder die sein, die ihr in dem ersten Moment wart, als ihr euch in die Augen schautet, die Augen eures anderen Selbst, die eine Spiegelung von euch waren! Zuviel Wasser ist seitdem den Bach hinabgeflossen.

Denkt einen Augenblick über folgendes nach: Als ihr eurem Seelengefährten in die Augen schautet, hattet ihr da schon einmal jemanden geschändet? Hattet ihr schon jemanden getötet? Hattet ihr schon in Dekadenz gelebt? Hattet ihr da schon jemanden beraubt? Hattet ihr da schon gedacht, ihr wäret seelenlos? Hattet ihr eurem Nachbarn schon den Krieg erklärt?

Wart ihr fromm? Wart ihr arm? Wart ihr reich? Wart ihr eine Hure? Wart ihr ein Prediger? Wart ihr verwirrt?

Hattet ihr bereits den Tod erfahren, in jenem Augenblick, als ihr in eures Seelengefährten Augen schautet? Hattet ihr in jenem Augenblick schon zehn Millionen Jahre Lebenszeiten gelebt? Hattet ihr schon eure Gefährtin angesehen, und nur ihre Brüste oder ihr "hinteres Teil" wahrgenommen, wie ihr es heutzutage tut?

Was habt ihr in jenem ersten Augenblick erblickt? Eine *Jungfrau*, ein *Abenteuer*, aber ganz und gar ohne jede Erfahrung!

Ihr könnt *niemals* zu diesem herrlichen Augenblick zurückgehen. Er ist lange vergangen. Oh, die Seele bewahrt die Tugend jenes Augenblicks im Gedächtnis; aber niemals könnt ihr zu ihm zurückkehren, weil der Augenblick *jetzt* ist. Ihr seid zu "schlau" - und zu begrenzt - um diese Unschuld noch länger zu besitzen. Ihr müßt *jetzt* eure Seelen ansehen. Versteht ihr?

Zuhörer: Ja.

Ramtha: Nun, wir werden jetzt in Erfahrung bringen, wie weit ihr in Bezug auf Weisheit in euren Seelen gekommen seid, damit wir eure Dogmen abschaffen können, euch aus dem Labyrinth herausbekommen und euch in die Mitte zurückbringen können.

Kennt ihr Wesenheiten, die man "Extremisten" nennt? Was meint ihr, was Extremisten sind? Ihr wißt es nicht? So sei es, ich werde euch einen Extremisten schicken!

Ihr seid alle Extremisten. In jedem eurer Augenblicke lebt ihr an einem Ende des Spektrums oder am anderen. Wenn euch etwas "Gutes" widerfährt, sagt ihr: "Das ist positiv." Aber wißt ihr, was dem "positiv" gleichgesetzt ist? Das männliche Geschlecht. Und wenn euch etwas "Schlechtes" widerfährt, nennt ihr es "negativ". Wißt ihr, was "negativ" bedeutet? Weiblich. Jetzt wißt ihr, warum ihr solche Schwierigkeiten hattet, die Gleichheit in den Geschlechtern zu finden.

Habt ihr jemals etwas "zugelassen", ohne es als gut oder schlecht, positiv oder negativ, höher oder niedriger zu beurteilen? *Habt ihr?* Habt ihr jemals irgendetwas einfach als "ist" gesehen? Nun, einzig und allein in dem Bewußtsein, das "ist/sein/zulassen" heißt, bewegt ihr euch über die Extreme von negativer/positiver Energie und aus der Urteilshaltung hinaus. Solange ihr in Polaritäten lebt, wird Dogma euer Leben regieren. Solange es ein "Gut" gibt, muß es immer auch ein "Schlecht" geben, weil ihr jedesmal, wenn ihr etwas als "gut" anseht, ein "schlecht" kreieren müßt, um es auszugleichen. Wußtet ihr das?

Wann immer ihr die Auffassung "richtig" innerlich annehmt, werdet ihr auch "falsch" zu euch ziehen, die Polarität davon. Nun wißt ihr, warum die Dinge nicht immer "richtig laufen".

Seid ihr bereit für einen "Augenöffner" (für eine Überraschung; Anm. d. Übers.)? Betrachtet im Geiste all die rohen Dinge, die ihr je getan habt. *(Nach einer kurzen Pause)* Na los doch! Wenn ihr das tut, werden euch auch all die grandiosen Dinge, die ihr getan habt, in den Sinn kommen. (Versteht ihr nicht, *wie* das funktioniert?) Also, denkt über "grausam" nach - ihr wißt schon, all die Dinge, die ihr in euren Phantasien tut und all die Dinge, die ihr in der Vergangenheit getan habt. Habt ihr je einem Schmetterling die Flügel ausgerissen oder einem anderen Kind ein Bein gestellt und darüber gelacht? Solche grausamen Sachen.

(Nach einer kurzen Pause, um den Zuhörern das Nachdenken zu gestatten) Nun. Meister, man hat euch gelehrt, daß Gott euch richtet. Aber Gott hat das niemals getan. Niemals! Der Mensch *hat* im Namen Gottes, nicht aber das IST. Wußtet ihr, daß, hätte der Vater, der das ALLES-IN-ALLEM ist, euch auch nur für die allerkleinste Grausamkeit

gerichtet, die ihr tatet, ihr im nächsten Augenblick nicht mehr existiert hättet, und daß auch das Leben nicht mehr existieren würde? Das IST ist ohne gut und böse. Es ist ohne richtig und falsch. Es ist ohne Vollkommenheit und Unvollkommenheit. Es ist ohne negativ und positiv. Gott *ist.* Er ist die Istheit von allem, was ist, weil er alles ist, was existiert. Wenn Gott euch also jemals gerichtet hätte, hätte er sicherlich sich selbst damit gerichtet, denn was immer ihr seid, ist Gott.

Ihr seid niemals von Gott, dem IST, dem LEBEN, gerichtet worden. Nur ihr habt euch je selbst gerichtet. Wißt ihr warum? Weil ihr einige Dinge "gut" und andere "schlecht" nennt. Begreift ihr?

Zuhörer: Verstanden!

Ramtha: Wie würdet ihr leben, wenn ihr gut und böse nicht hättet? Glücklich! (*Hebt sein Glas*) Auf das Glücklichsein!

Zuhörer: Auf das Glücklichsein!

Ramtha: Es gibt jene unter euch, die die Prämisse von gut und böse nicht aufgeben wollen, weil es, wenn ihr es tätet, bedeuten würde, daß ihr eure Nachbarn nicht länger richten könntet, und das tut ihr gerne. Wenn ihr das aufgebt, bedeutet es, daß ihr euch selbst nicht mehr als besser als andere betrachten könnt. Versteht ihr?

Nun, es gibt eine weitere Wahrheit im Hinblick auf das Herauskommen aus dem Irrgarten und auf das Finden des Selbst: Jeder Gedanke, welcher auch immer, dem ihr erlaubt, in euer Gehirn einzutreten, und den ihr euch in eurer Seele zu fühlen erlaubt, manifestiert sich. Deshalb stellt es eine große Begrenzung dar, mit "richtig und falsch" zu leben - weil es den Gedanken *teilt;* es *läßt nicht zu,* daß alle Gedanken für ein emotionales Wissen empfangen werden. Geht euch ein Licht auf?

Bevor ihr euren Weg durch das Labyrinth finden könnt, müßt ihr erkennen, daß das Beurteilen des Gedankens genau das ist, was nicht *zuläßt,* daß ihr wißt; es *begrenzt* die Aufnahmefähigkeit von Wahrheit. Deshalb sind die Worte "sein" und "erlauben" (zulassen; Anm. d. Übers.) wunderbare Worte in eurem Wortschatz, weil sie einen urteilsfreien Zustand von Sein hervorbringen, der es dem Superbewußtsein, dem *unbegrenzten Geist,* erlaubt, sich zu manifestieren.

(Zu den "alten Kennern") Wir haben zuvor von "Mitte" gesprochen. Habt ihr zugehört? Nun, worüber auch immer ihr seit unserer letzten Zusammenkunft geurteilt habt, werde ich als Boten zu euch zurückschicken. Ich möchte, daß ihr eure Urteile neu auswertet. Wenn ihr sie

in einem Zustand von *Sein* überprüft habt, werde ich euch alle emporheben. Kennt ihr die Begriffe Sumpf und Finsternis und Verwirrung? Ich werde euch darüber hinausheben zu einer anderen Ebene, eine, die voll Freude ist, denn ihr werdet euch in einem Verstehen befinden, in welchem ihr sehen könnt, wovon ich spreche. So sei es!

Die "alten Kenner": So sei es!

Ramtha: Nun für euch: Ihr könnt sagen, daß ihr etwas zu tun wünscht; ihr könnt sagen, daß ihr etwas nicht zu tun wünscht. Ihr braucht das weder als gut noch als böse zu empfinden. Richtet euch einfach nach euren Wünschen und tut es! Versteht ihr?

Die "alten Kenner": Ja.

Ramtha: (An die gesamte Zuhörerschaft gerichtet) Nun, für Gott seid ihr alle sein Augapfel, denn ihr seid, was Gott ist. Und Gott liebt euch, ganz gewiß, denn was glaubt ihr, was euch zusammenhält, ihr *jämmerlichen* Wesenheiten? *(Zuhörer lachen)* Wißt ihr, ihr nehmt nur Raum weg - und ratet, *wessen* Raum es ist? Es ist LIEBE, genannt GOTT, der kosmische Leim, der euch zusammenhält, das IST, das zuläßt, daß ihr die Erfahrung dessen macht, was immer ihr im Gedanken ersinnt.

Wenn ihr euch von richtig und falsch frei macht, macht ihr euch von jedem Dogma frei, das jemals erschaffen wurde, und innerhalb dieses Prozesses findet ihr Gott. Wenn ihr aus dem Irrgarten und dem alten Geleise herauskommen wollt, wenn ihr euch danach sehnt, Gott zu sein, ohne Begrenzung zu sein, müßt ihr euch von richtig und falsch frei machen und urteilsfrei werden. Ich werde euch lehren, urteils-frei zu sein.

(Erhebt sein Glas) Hier wird eine *Menge* getrunken. Aber ihr *benötigt* einen ganzen Ozean! *(Spricht den Trinkspruch)* Auf das Leben!

Zuhörer: Auf das Leben!

Ramtha: Bevor ihr noch euer Kissen auf das Bettlager und euren Kopf auf das Kissen gelegt habt, werdet ihr drei Individuen gerichtet haben. Nun werdet ihr möglicherweise sagen: "Aber Meister, ich habe doch nichts über sie *gesagt!*" Aber, seht ihr, ihr *hört* nicht sehr gut *zu*. Ihr könnt dort sitzen und euch auf die Lippen beißen und nicht ein Wort durch sie hindurchschlüpfen lassen. Aber es kommt auf das an, was ihr *sagt*, sondern auf das, was ihr *denkt* und emotional umfaßt.

Ich werde eure Urteile zu euch zurückschicken. Was ihr in Bezug auf einen anderen denkt und fühlt, so wird euer Schicksal sein, und zwar sofort! Ich werde es euch innerhalb von vierzehn Tagen schicken, damit ihr lernt, ohne Urteilshaltungen zu sein. Ihr werdet nicht lernen, mit dem Urteilen aufzuhören, dadurch daß euch jemand *sagt,* ihr solltet dies tun. Ihr werdet es dadurch lernen, indem ihr das werdet, was ihr an einem anderen beurteilt habt. So sei es!

Nun, was jeder von euch in einem anderen sieht, wird sich vielleicht von dem, was euer Nachbar sieht unterscheiden, aber es läuft alles auf das gleiche begrenzte Verständnis hinaus. Sehr bald, nachdem ihr von eurem Podest gestoßen worden seid, jemand euch die Meinung gesagt und euch rechts und links eine Ohrfeige verpaßt hat, werdet ihr die Botschaft verstehen. Und wißt ihr, wer das kreiert hat? Nicht *ich;* ich schicke lediglich eure Urteile zu euch zurück. *Ihr* habt es kreiert.

Die Erfahrung lehrt. Woher weiß ein kleines Kind, daß das Feuer heiß ist? Wenn es seine Finger ins Feuer stippt und sich verbrennt. Also werde ich euch die Boten der Urteilshaltung schicken. Abgemacht?

Zuhörer: (Zögernd) Abgemacht.

Ramtha: Keine große Reaktion auf diesen Punkt! *(Zuhörer lachen)* Ich verstehe.

Nun, zum Himmel. Ihr wißt schon, im Himmel gibt es eine ausgesprochen elitäre Belegschaft. Nur die "guten Guten" gelangen dorthin. Aber, Meister, wünscht euch nie den Himmel; wünscht euch Wissen. Wissen *erschafft* jenes Bewußtsein.

Was ist das Resultat davon, die Urteilshaltung gemeistert zu haben? Wißt ihr, was das Idealland Utopia ist? Nun, ihr hört euch Weltberichte an, nicht wahr? Ihr habt eine wunderliche Kommunikation, die Daten, Aktionen/Reaktionen aus der ganzen Welt sammelt - und sie sind sehr entmutigend! Aber einst gab es auf diesem Planeten eine Zeit, als alle Dinge in harmonischer Bewegung lebten und in Einklang miteinander waren; und das wird wiederkommen. Aber nicht bevor eure Ebene - sehr bald - ein unsanftes Erwachen durchmacht.

Eure Leute leben in Dekadenz. Sie brechen auf einer seelischen Ebene zusammen. Sie brechen in ihrem Geist zusammen. Sie wissen nicht einmal, wie es ist, glücklich zu sein - und ihr alle wißt es ebenfalls nicht!

Es wird eine große Einschüchterung über eure Ebene kommen. Die Einschüchterung entspringt der Urteilshaltung und der Polarität, die von der Urteilshaltung herangezogen wird. Wenn es aber die Polarität von gut und böse, richtig und falsch, nicht mehr gibt, dann werdet ihr keinen negativen/positiven Widerstreit mehr haben. Ihr werdet keinen Krieg haben, ihr werdet keinen Frieden haben; ihr werdet nur Leben haben. Ihr werdet keine Furcht haben; ihr werdet nur Leben haben.

Nun, ich will euch allen ein großes Geschenk machen. Drei Tage lang werdet ihr im Superbewußtsein leben; denn ich werde es zu euch hindrängen. Ihr werdet wissen, wie es ist, in einem Utopia zu leben, das ohne Furcht ist, das edel und brillant ist. Ihr werdet Brillanz erlangen, und dennoch nicht fähig sein, sie in Worte zu kleiden, denn wie beschreibt man ein Gefühl? Ihr werdet eure Gesundheit wiedererlangen. Ihr werdet wissen, wie es ist, andere anzusehen und euer eigenes Gesicht darin zu sehen. Und der Wunsch, über sie zu urteilen, wird nicht vorhanden sein. Genau so ist es, wenn ihr zur Mitte von negativ und positiv gekommen seid und das IST gefunden habt. Das ist der wundervolle Lohn für Sein und Werden.

Drei Tage lang werdet ihr einen Vorgeschmack von Utopia bekommen, davon, was möglich ist, und was auf dieser Ebene sein *wird*. So sei es!

Zuhörer: So sei es!

Ramtha: Nun, Seelengefährten teilen ihre Erfahrungen miteinander. Folglich seid ihr nicht nur bereichert durch die Anlagen all *eurer* Inkarnationen auf dieser Ebene, sondern ihr seid auch bereichert durch die miteinander geteilte Weisheit eures anderen Selbst, das ein Individuum geworden ist, genau wie ihr eines seid.

Euch zu erzählen, daß nicht jeder von euch hier seinen Seelengefährten finden wird, bedeutet für einige von euch eine Erleichterung, denn ihr seid für den euren nicht bereit. Solltet ihr ihm morgen nach eurer Zeitrechnung begegnen, hättet jedoch nichts getan, euch zu reinigen, damit ihr die Beziehung freudvoll finden könntet, würde es eine explosive, unbarmherzige Verbindung sein. Versteht ihr?

Ihr Frauen, eure größte Begrenzung ist das Bedürfnis zu überleben. Wußtet ihr das? Ihr habt eine unsichere Leidenschaft, die euch treibt, und ihr seid mit überschwänglichem Eifer hinter Männern her. Aber ihr lauft noch immer mit dem Gefühl umher, daß ihr ihnen etwas *zu beweisen* habt, oder daß ihr sie *besitzen* müßt.

All ihr Frauen, ihr wünscht euch euren Seelengefährten, ja? Ihr wünscht euch den perfekten Liebhaber, jemanden, der euch fett und häßlich sehen kann und euch dennoch liebt. Jemanden, um für euch zu sorgen, dazusein, für euch aufzukommen, euch Freiheit zu geben. Nun, da muß ich euch etwas sagen. Es gibt zu dieser Stunde keinen Mann auf dieser Ebene, der diese Göttlichkeit oder Ritterlichkeit erreicht hat, so mutig, so edel, so mächtig und bedingungslos zu lieben. Sie sitzen in demselben Boot wie ihr, da sie nach jemandem suchen, genau wie ihr - nur daß ihr genausowenig ihren Vorstellungen entsprecht, wie sie den euren.

Ihr kamt mit dem Wunsch hierher, ich möge euch Herrn Wundervoll schicken? Das werde ich nicht tun. Ich werde euch *Frau* Wundervoll zeigen.

Nun, ich wünsche mir für euch, daß ihr ohne "Pfirsich und Schlagsahne" versteht. In euren Seelen habt ihr euch immer danach gesehnt, der Besitz von jemandem zu sein und euch mit jemandem zu paaren. Das stammt aus siebeneinhalb Millionen Jahren, in denen ihr fürs Überleben gelebt habt. Ihr wißt es nicht besser. Ihr wißt nicht, daß am Leben viel mehr dran ist, als mit einer anderen Wesenheit ins Bett zu gehen. Das ist Teil des Irrgartens, in welchem ihr lebt. Das ist Teil eurer Blockaden, mit denen ihr übersät seid.

Schaut euch an! Habt ihr euch kürzlich einmal betrachtet? Warum schmückt ihr euch? Ist es, weil ihr *euch* damit glücklich macht, oder geht es darum, die Augen von jemand anderem auf euch zu ziehen? Geht ihr jemals an die Öffentlichkeit, ohne euch anzumalen, euch mit Gold und Rubinen zu schmücken, und euch mit schweren Parfüms einzudecken? Ich meine, *woher* kommt der Duft? Warum strömt *ihr* nicht den Duft eures eigenen *Wesens* aus?

Nun, ich liebe euch. Ihr aber wünscht euch immer noch jemanden außerhalb von euch, daß er euch mit etwas erfülle, was ihr in eurem *Innern* nicht besitzt. Ihr habt ein Leck! Ihr habt emotionale Löcher, und ihr lauft nach allen Seiten aus! Je bizarrer ihr seid, desto mehr lauft ihr aus. Das ist eine große Wahrheit. Sie gefällt euch nicht? Geht damit schlafen! Ihr versucht, jemand anderen einzufangen, um das auszufüllen, woran es euch hier drinnen fehlt. Das ist der Grund, weshalb eure Beziehungen nicht funktionieren. Ihr werdet *niemals* finden, wonach ihr sucht, weil es nicht existiert.

Wißt ihr, "die Rose verliert ihre Farbe sehr schnell", sobald ihr erst ein oder zwei Falten bekommt, sobald ihr erst damit anfangt, eine Weile so herumzuschlafen, und zur Realität erwacht. Die Phantasie wird anfangen zu schwinden. Weil ihr nach etwas sucht, um ein Vakuum der Polarisation zu füllen, werdet ihr lediglich alt und elend werden, werden eure Zähne ausfallen, wird euer Haar dünn werden, werdet ihr über den ganzen Körper verstreut Flecken bekommen, wird euch das Alter beugen und eure Finger werden euch den Dienst versagen. Und niemand wird euch dann mehr ansehen.

Was ist mit euren Seelengefährten? Was fühlen sie? Die armen Geschöpfe kämpfen um ihre *eigene* Identität; und sie fühlen sich schlicht unsicher, weil sie all diese Dinge von euch fühlen.

Nun, Männer! Wonach sucht *ihr?* Seid ihr zu dieser Zusammenkunft gekommen, weil eine gewisse Frau, die ein Auge auf euch geworfen hat, euch genötigt hat, hierherzukommen? Sucht ihr jemandem, der eure Verrücktheiten, eure Brillanz ausballancieren soll? Sucht ihr jemandem, der euch umsorgt? Was sucht ihr? Auch ihr sucht jemanden, um eure emotionalen Löcher zu füllen, mit denen ihr übersät seid.

Wie viele von euch wissen, wie man weint? Wenn ihr das wißt, habt ihr große Löcher gefüllt. Wenn ihr euch aber darauf eingerichtet habt, die Ideale des gesellschaftlichen Bewußtseins zu leben, möchte ich, daß ihr wißt, daß ihr sie nie erreichen werdet.

Kennt ihr den Dummkopf, der die Hanteln stemmt? Wißt ihr, daß er ihr Sklave ist, um das "Aussehen" zu erhalten? Denn wenn er aufhört, sie zu benutzen, was glaubt ihr, was mit seinen gekräuselten Muskeln passiert? Sie werden wieder schlaff! Und dann sind sie sogar noch schlaffer als vor dem Anfang seines Trainings.

Von was seid ihr Sklaven? Was erwartet ihr von euren Seelengefährten, daß sie für euch tun? Daß sie euch Streicheleinheiten geben? Euch dazu bringen, euch wie ein Mann zu fühlen? Ihr werdet *niemals* wissen, wie es ist, ein Mann zu sein, bevor ihr nicht weinen könnt wie eine Frau und furchtlos sein könnt wie ein Soldat. Ihr werdet niemals wissen, wie das ist, bevor ihr nicht alle Aspekte eures Selbst liebt, und das tut ihr nicht. Ihr gebt euch einen Deckmantel, indem ihr Ernährer spielt, indem ihr euch stark zeigt, indem ihr einen bestimmten Moschusduft ausströmt - was immer es ist, von dem ihr denkt, daß es als männlich gilt.

Und was ist mit eurem Penis? Was werdet ihr tun, wenn ihr impotent werdet? Wohin dann mit der idealistischen Form? Wenn ihr euch nicht paaren könnt oder keine Erektion mehr bekommt, was seid ihr dann?

Hmm?

Auch ihr seid voll mit Lecks, weil ihr nicht liebt, was ihr seid. Ihr liebt ein Image, das mit der Zeit lediglich dahinschwinden wird. Und wenn es verschwunden ist, habt ihr nichts an seiner Statt.

Ihr wißt nicht, wie man weint. Ihr wißt nicht, wie man sagt: "Ich habe Angst". Ihr wißt nicht, wie man etwas hinter sich läßt und ehrenhaft ist. Ihr wißt nicht, wie man noch etwas anderes als *sexuell* sein kann.

Wonach sucht ihr alle? Nach jemandem, der euch all das fühlen läßt, von dem ihr meint, daß ihr es *nicht seid.*

Meister, wacht auf! Solange ihr begrenzte Glaubensanschauungen und einen begrenzten Geist habt, werdet ihr altern, werdet ihr impotent werden, werden ihr knorrige Finger und graugesträhntes Haar haben - und ihr werdet sterben. Und was werdet ihr bis dahin getan haben? Ihr werdet einer Illusion nachgejagt sein.

Nun, eure Seelengefährten finden. Ihr zieht euren Seelengefährten wie große Magnete an, wenn ihr anfangt, euch selbst zu lieben und die Löcher zu füllen, durch die ihr so furchtbar "auslauft". Wenn ihr in einen großen Spiegel schaut und liebt, was ihr seht - weil ihr wißt, daß eure Schönheit *unsichtbar* ist - dann habt ihr die Löcher gefüllt. Wenn ihr nachts ohne Schrecken schlafen könnt, dann habt ihr die Löcher gefüllt. Wenn ihr über den Marktplatz schreiten und *un*-sexuell sein könnt, habt ihr die Löcher gefüllt. Je mehr ihr sie abdichtet, und je inniger ihr mit euch selbst seid, desto mehr zieht ihr jene herrliche Wesenheit zu euch heran. Und während ihr euch selbst liebt und größer in eurem Sein werdet, wird auch euer Seelengefährte emporgehoben. Das Wissen gelangt zu eurem Seelengefährten, weil ihr beide dieselbe Seele seid und die Weisheit teilt.

Durch den Prozeß der Selbst-Liebe werdet ihr ein Christ. Und wenn der Christ sich in euch auferstanden ist, dann erbebt er in eurem Seelengefährten. Es sind zwei in dem Prozeß des Zurückkehrens zu dem makellosen EINEN.

(Erhebt sein Glas und grüßt die Zuhörer) Ich liebe euch. Ich *liebe* euch! So sei es!

Zuhörer: So sei es!

Ramtha: Nun der nächste Bote. Ich schicke euch einen makellosen Spiegel, eine Widerspiegelung *ohne* Löcher, eine Widerspiegelung von euch, die euch liebt. Wenn ihr unsicher seid, Angst habt, liebt ihr euch nicht. Also sende ich euch eine Vision, die über diesen Traum hinausgeht. Und ihr werdet euch selbst in der Vision als eine sichere und furchtlose Wesenheit sehen. So sei es!

Einige von euch warten noch immer auf diesen Spiegel. Diejenigen von euch, die den Spiegel gesehen haben, werde ich noch einen Schritt weiterbringen. Ich werde euch einen Reflektor zeigen, der euch jede Aktion eurer Herrlichkeit widerspiegeln wird. Solch einen Spiegel habt ihr, seit ihr das erste Mal auf dieser Ebene entstandet, nicht gesehen; dieser Spiegel hingegen ist *reich* angefüllt mit dem Schatz der Weisheit. So sei es!

(Nimmt die Zuhörer in Augenschein, erhebt sein Glas und spricht in bedächtigem Tonfall) Es ist genug für heute. Wir haben große Dinge bewältigt. Und ihr habt eine *Schar* buntgemischter Boten, um damit zu ringen. *(Bringt den Trinkspruch aus)* Auf die Seelengefährten!

Zuhörer: Auf die Seelengefährten!

Ramtha: Das ist alles. Ich liebe euch! So sei es!

* * *

Samstag, Morgensitzung 11. Januar 1986

Ramtha wartet geduldig auf der Bühne, während die Zuhörer zur Sitzung des zweiten Tages zurückkehren. Während er sich ruhig über das Gesicht streicht, wie er es tat, als er zu seiner Lebzeit einen Bart hatte, beobachtet er die Zuhörerschaft dabei, wie sie plaudern und sich unterhalten. Nachdem sich jeder auf seinem Platz niedergelassen hat, geht Ramtha vom Podium herunter und beginnt, durch den Zuschauerraum zu schreiten. Gelegentlich hält er an, um zu einzelnen Personen zu sprechen. Ramtha geht zu einem Mann.

Ramtha: (Küßt ihm die Hände) Ich freue mich, daß du zu dieser Zusammenkunft erschienen bist. *(Auf einen Kristall deutend, der dem Mann um den Hals hängt)* Was ist das?

Mann: Ein Kristall.

Ramtha: Warum trägst du ihn?

Mann: Es wurde mir gesagt, wenn ich ihn nahe an meinem Herzchakra tragen und mit Selbstliebe aufladen würde, würde die Energie bei mir bleiben.

Ramtha: Weißt du, was ein Amulett ist? Das, was du da trägst, ist ein Amulett. Weißt du, daß wenn du irgendetwas Macht gibst, um deine Macht zu stabilisieren, du selbst sie verlierst? Weißt du, daß einzig *du* die Herrschaft über dich selbst hast? Verstehst du? Als Schmuckstück ist es entzückend! Aber es bedeutet Unterjochung.

(Geht hinüber zu einer Frau, die sich Notizen gemacht hat) Kannst du ein Gefühl beschreiben?

Frau: Nein.

Ramtha: Nur Gedächtnisstützen, hm?

Frau: Ich liebe Dich, Ramtha.

Ramtha: Ich bin es wert, geliebt zu werden, Meister, und du bist es auch.

Frau: Ja.

(Ramtha begibt sich in Richtung Podium, wobei er gelegentlich stehenbleibt, um einzelnen Personen in die Augen zu schauen. Nach seiner Rückkehr auf der Bühne, bringt er den ersten Trinkspruch des Tages aus.)

Ramtha: Auf ein herrlicheres Leben! Für immer und immer und immer! *(hervordonnernd)* So sei es!

Zuhörer: So sei es!

Ramtha: Trinkt herzhaft, ihr Nipper! *(Trinkt das ganze Glas Wasser)* Ich liebe euch. In der Tat!

Ich bin Ramtha der Erleuchtete, euer geliebter Bruder, in der Tat, euer geliebter Lehrer. Ihr habt gelernt, ihr habt aufgenommen, und ihr seid zu einem größeren Raum des Verstehens gelangt. Ich grüße euch vom Herrn-und-Gott meiner Ganzheit aus.

Nun, da sind einige unter euch, die darauf bestehen, unglücklich zu sein. Das ist sichtbar. Wenn ihr unglücklich sein wollt, so sei es! Wißt ihr, was "wollen" heißt? *(Bekommt keine Antwort, also ruft er laut) Wißt ihr es?*

Zuhörer: Ja.

Ramtha: Ihr *solltet* es wissen. Es ist das meistgebrauchte Wort in eurer Sprache. Ich weiß es; ich habe ein Gutachten erstellt!

Ihr alle wollt, wollt, wollt! Nun, das ist ganz in Ordnung, weil es das "Wollen" ist, das die Räder der Manifestation in Bewegung setzt.

Nun, Seelengefährten vernehmt dies: Ich sehe euch an und ich sehe eure Leben. Ich sehe, wo ihr "festhängt", und ich sehe, wo ihr "durchhängt", eure Begrenzungen, eure mißlichen Lagen, eure Krankheiten, das Nahen eurer Krankheiten, und ich sehe, wer sie erschuf. Nämlich ihr. Alles, was ihr in diesem Traum seid, seid ihr, weil ihr so sein *wollt*. Wußtet ihr das? Ob ihr reich oder arm seid, König oder Bettler, ob ihr verheiratet seid, unverheiratet, suchend, sicher, unsicher, frustriert, ihr habt es so gemacht.

Es gibt viele unter euch, die allem außerhalb von sich die Schuld für ihre Probleme geben. Kennt ihr den Traum? Daß alles in dem Traum -

gesellschaftliches Bewußtsein, eure Eltern, wo ihr lebt, eure Regierung, euer Hund - verantwortlich für euer Unglücklichsein ist. Nun, ihr Träumer, ihr seid diejenigen, die schlafen, und ihr seid diejenigen, die sterben werden.

Souverän zu werden bedeutet zu erkennen, daß ihr euer Leben so erschaffen habt, wie ihr es wolltet. Weder eure Mutter noch euer Vater tragen die Schuld an *irgendetwas,* das euch zugestoßen ist! Ihr habt sie als Eltern erwählt, um ein Gefährt der Ausdrucksmöglichkeit zu haben. Ihr *wähltet* ihren genetischen Samen - ihr Sperma, ihr Ei, die Emotionen in ihren Chromosomstrukturen. Ihr habt den genetischen Lehm ausgesucht, um hindurchzugelangen. Was haben sie je getan, als die zu sein, die sie sind?

Um seine Macht zurückzugewinnen, sie zurückzufordern, besteht eines Meisters erste Erkenntnis darin, daß er sein eigenes Leben und sein eigenes Reich selbst erschaffen hat. Er wird sich *bewußt*, daß er das alles gewählt hat. Diese Bewußtheit erhöht seine Macht - gibt sie ihm wieder zurück- und er erwacht aus dem Traum. Wenn ihr Verantwortung übernehmt und wißt, daß ihr *alles* in eurem Leben selbst erschaffen habt, euch selbst zugezogen habt, dann wird diese Wahrheit euch von Schuld, Beschuldigung und Haß freisetzen. Es wird euch Frieden bringen.

Viele von euch sagen, daß sie in ihrem Geist "durcheinander" seien. Ratet einmal, *wer* euch durcheinanderbrachte? Übernehmt die Verantwortung dafür! Sie *gehört* euch an! Wie entwirrt ihr euch wieder? Wollt es! Es gibt keine Psychologie zur Erlangung geistiger Gesundheit, sondern nur das sehnliche Wollen. Es gibt nicht ein einziges Problem, das ihr habt, das nicht in einem Augenblick geändert werden kann. Nicht eines. Nicht ein einziges!

Ein Meister erwacht aus dem Traum und fordert sich selbst zurück. Nun, das Aufwachen *ist* ein sehr mühsamer Prozeß. Aber was wollt ihr? Warum seid ihr hier? Ihr seid hier, weil ihr das unaussprechliche Wissen haben wollt; unaussprechlich, weil jene, die in dem Traum schlafen, es niemals erkennen werden, bevor sie nicht aufwachen, das Wissen *fühlen,* und es dann leben!

"Zu meistern" bedeutet zu sagen: "Ich wählte alles in meinem Leben seiner Erfahrung wegen. Ich habe aus allem gelernt. Ich habe Weisheit aus den Erfahrungen meines Lebens gewonnen."

Wißt ihr, daß es so etwas wie "Opfer sein" nicht gibt? *Rauhe Lehre!* Aber, wenn gut und böse beiseite gelegt worden sind, wenn das Leben als ein Kontinuum, als ein fortlaufender Prozeß angesehen wird, dann gibt es so etwas wie Opfer nicht; dann gibt es nur Leben. Das Bewußtsein von "Opfer" erschafft die Polarität namens "Verfolger" .

Nun, das Wollen. Alles, was euch geschehen ist, das *wolltet* ihr so, wegen des Endresultats, genannt: *emotionale Weisheit.* Also waren nicht die Spiele der *Aktion* wichtig, sondern der Schatz der *Re*-aktion, den man Weisheit nennt. Und ihr alle habt sie gewonnen, nur daß sie jetzt noch nicht vollständig zur Weisheit geworden ist, weil sie ist noch überschattet ist von Schuld und Unsicherheit und Beschuldigung und Gefühle des Versagens. Wenn ihr die Verantwortung wieder selbst übernehmt und sagt: "Ich erschuf das," dann gibt es so etwas wie Schuld oder Versagen nicht mehr; es gibt Vollbringen, es gibt Weisheit. Wenn ihr die Verantwortung für euer Leben wieder zu euch selbst zurückbringt, beschuldigt ihr nicht mehr eure Eltern, euren Liebsten, euren Mann, eure Frau, eure Kinder, euren Hund, die Gesellschaft - was auch immer. Dann könnt ihr nicht mehr hassen, denn es gibt kein Objekt mehr *außerhalb* von euch, das die Polarität von Opfer und Verfolger erschafft, wobei man den Verfolger haßt, weil man sich wie ein Opfer fühlt. Versteht ihr? Wenn ihr Verantwortung für euer Leben übernehmt, schaltet das jene Dinge aus. Wenn ihr erkennt, daß ihr den Traum erschaffen habt, dann wacht ihr auf, kehrt ihr heim.

Ein Meister weiß, daß er für alles in seinem Herrschaftsbereich verantwortlich ist. Wißt ihr, woraus sein Herrschaftsbereich besteht? Er besteht aus seiner Realität und seinem Leben. Ein Meister ist dafür verantwortlich. Er ist *nicht* für die Menschheit verantwortlich, nur für sich selbst. Dieses Verständnis schafft Führer ab. Es schafft Priester und Orakel und Hellseher ab. Wenn ihr ein Meister seid, fragt ihr niemals jemand anderen nach Antworten, denn jedesmal, wenn ihr jemand anderen um dessen Rat fragt, entfernt ihr euch selbst vom Wissen. Jetzt wißt ihr, warum ein Meister alleine wandelt.

Ein Meister *kennt* seine Bestimmung, weil ein Meister die Macht des erwachenden Christus besitzt. Alles, was er tun muß, ist nachdenken und sehnlich wünschen, und was immer er zu wissen wünscht, wird ihm innerhalb eines Augenblicks offenbart. Jedesmal wenn ihr jemand anderem folgt, oder zu einer Gruppe, einer Sekte oder einem Kult werdet, gebt ihr diese Macht fort; seid ihr eingeschlafen.

Ihr wollt manifestieren? Ihr wollt Wasser in Wein verwandeln? Ihr wollt Brotlaibe in eurer Hand manifestieren oder Gold in eurer Schatzkammer? Solange ihr folgt, vermögt ihr das *niemals* zu tun! Ihr werdet immer nur "da draußen" wollen, weil ihr nicht die Macht habt, es hier drinnen geschehen zu lassen! Solange ihr folgt, solange ihr die Antworten "da draußen" sucht, habt ihr die Macht zu wissen verloren, habt ihr den Christ verloren; er erbebt nicht.

Jede Religion verehrt eine unsichtbare Wesenheit. Das, was ich euch hier lehre, ist keine Religion - und ich bin ganz *eindeutig* nicht unsichtbar; ich bin jetzt und hier. Ihr seid hier, um ein unaussprechliches Wissen zu erfahren. Ihr seid hier, um von der Liebe GOTTES zu erfahren - die nicht etwas "da draußen" ist, jenseits vom Mondes oder von Alpha Centauri! Das ist es nicht, wo Gott und der Himmel sind! Himmel ist im Innern! Gott, der Vater, das alles durchdringende Licht, ist in euch! Ihr *seid* jene Gegenwart, jene Macht, jene Schönheit.

Und ich spreche euch als meine Brüder, in der Tat, als mir Gleichgestellte an. Der einzige Unterschied zwischen euch und mir ist, daß ich *weiß,* wer ich bin und ihr nicht! Seit siebeneinhalb Millionen Jahren befindet ihr euch im Unwissen, denn seit so langer Zeit seid ihr Sklaven von Dogma und Angst.

Seht! *(Seufzt und schüttelt den Kopf)* Ihr könnt nicht einmal ein einfaches Kopfweh beheben. *(Zieht mehrere Male an einer Rose im Blumenarrangement und bekommt sie schließlich mit einem Ruck frei)* Ich gebe nicht auf! *(Zuschauer lachen und applaudieren)*

Ihr hört den Begriff "Meister", aber ihr wißt nicht wirklich, was er bedeutet. Ihr habt die Vorstellung, das sei jemand, der in einer Höhle lebt, in Sack und Asche einhergeht und niemandem in die Augen sieht, damit er ja nicht dessen Schwingungen empfängt! Dies ist ein weiteres Dogma, eine weitere machtlose Heuchelei. Und ihr alle habt seit sehr langer Zeit vorgeheuchelt.

Wißt ihr, was manche von euch mit diesen Lehren anfangen werden? Ihr werdet Amoklaufen und andere Lehrer fragen, wo eure Seelengefährten sind. Und sie werden euch sagen, daß sie die Antwort wissen, nur wird es nicht die Wahrheit sein, und ihr werdet eure Gefährten niemals finden. Noch werdet ihr jemals wissen, was es bedeutet, sich selbst zu heilen oder den Schimmer jenseits dieser Dimension zu sehen, weil ihr nicht souverän seid.

Meine Zusammenkünfte sind nicht dazu da, um eine Anhängerschaft zu erschaffen. Wenn ich es wünschen würde, verehrt zu werden, würde ich euch nicht die unaussprechlichen Wahrheiten lehren, noch würde ich für euch manifestieren, noch würde ich euch sagen, was ihr seid, und rühmen, was ihr seid. Ich würde euch in Unwissenheit halten und euch eure Macht nehmen. Und meine Zuhörerschaft wäre so riesig wie die Welt. Wußtet ihr das? Denn ich *bin* so mächtig! Aber ich brauche keine Verehrung. Ich *bin* bereits Gott! Ich *besitze* die Ewigkeit bereits. Was möchte ich von *euch?* Könnt ihr mir mehr Ewigkeit geben? Kaum!

Das, was ich tue, tue ich einfach deshalb, weil ich euch liebe. Denn wenn man in die Absolutheit von dem kommt, was man ist, dann sieht man das Ganze von dem *ALLES-IN-ALLEM*, und wird all das, was im *ALLES* ist.

Ich wünsche mir für euch, daß ihr ein Licht für die Welt seid. Eure Ebene braucht es. Ihr nähert euch legendären Momenten, und einige wenige werden die Erhabenheit der anderen Seite sehen. Ich wünsche mir für euch, daß ihr das größte Wissen lernt, aber ihr könnt es nur lernen, wenn ihr dafür bereit seid. Ihr müßt wach sein, um zuzuhören. Ihr müßt wach sein, um die Boten und die Wunder zu sehen, wenn sie sich manifestieren. Ihr müßt souverän sein. Souverän! Wenn ihr folgt, lernt ihr nur zu folgen und verliert eure Macht; eure Energie rinnt überall aus euch heraus. Wußtet ihr das?

Ihr wolltet den größten Lehrer finden. Ich *bin* der größte Lehrer, in meiner Realität. Ich habe keine Schwierigkeit, euch das zu sagen. Aber der größte Lehrer für *euch* ist der Gott in euch, der euch zu "euch" macht. Versteht ihr? Ich bin ein grandioser Spiegel großer Tugend und Wahrheit, von unfehlbarem Genie und Wissen. Wenn ihr all das in mir seht, bedeutet das, daß auch ihr es in euch selbst besitzt. Versteht ihr? Ein Meister sieht, fordert zurück und wird. *Wird!* Was werdet ihr? Ihr werdet *frei.* Um das zu werden, müßt ihr nichts Spezielles *sein;* ihr braucht nur zu *sein.* Dieses bedeutet, *alle* Macht und *alles* Zulassen zu besitzen.

Ihr müßt ein Meister sein *wollen.* Ihr müßt es *wollen.* Wißt ihr, auf welche Weise ihr all das andere wolltet? Ruhm, Vermögen, Schönheit, Liebhaber, Kleider, Häuser, Gold, Silber, Myrrhe. Wißt ihr, wie ihr all jene Dinge wolltet? Es handelt sich um *dasselbe* Wollen! Wenn ihr *dieselbe* Macht hinter den Wunsch stellt, ein Meister sein zu wollen, wie ihr sie für langweilige, banale Dinge in dem Traum eingesetzt habt, werdet ihr die allweise wissende Intelligenz werden.

In meinem Leben *wollte* ich es. Ich wußte nicht, was es war, das ich wollte. Ich wollte es einfach. Und, vielleicht, kommen die überragendsten Manifestationen aus dem bildlosen Wollen.

Es gibt einige unter euch, die schrecklich unglücklich sind. Ich sehe es in euch. Nun, ich habe kein Mitleid mit euch, weil ich einem umfassenderen Verständnis nach erkenne, daß ihr es so festgelegt habt, es so wolltet! Ihr wollt euch fühlen, wie ihr euch fühlt. Erst wenn ihr wollt, daß es anders ist, wird es sich verändern. Nichts, niemand, keine Macht, nicht einmal ich mit all den Boten und den Wundern und dem Wissen kann eure verstockten Geisteshaltungen verändern. Denn, seht ihr, der Schlüssel zur Türe des Verstehens steckt auf *eurer* Seite der Tür. Ihr seid ein Gott, und was immer ihr für euer Königreich wünscht, so ist es! Dieses erhabene und einzige Gesetz kann niemals bestritten oder umgestoßen werden. Versteht ihr?

Zuhörer: Ja.

Ramtha: Einige von euch werden diese Lehren nicht verstehen, weil ihr gerne über andere Wesenheiten urteilt! Ihr werdet durch eure Bigotterie gebunden, ihr werdet durch eure abergläubischen Geisteshaltungen gebunden, und ihr werdet durch gut und schlecht gebunden - weil ihr es so *wollt!* Und ihr wollt als Opfer gesehen werden, damit ihr von anderen Mitleid erheischen könnt. Ich lasse zu, daß ihr so handelt. Es ist euer Wille, träumt also weiter! Aber ihr werdet euch geradewegs in euer Grab hineinträumen.

Für diejenigen von euch, die im Erwachen begriffen sind: Alles was ihr lernt, beginnt ihr in euren Seelen zu fühlen; und eure Gefährten, wo immer sie sich aufhalten, beginnen, über diese erhabenen Lehren zu erbeben. Etwas in ihnen beginnt zu wollen. Sie wissen nicht, was es ist, sie beginnen jedoch, herrlicher sich selbst gegenüber zu fühlen. Sie wissen nicht warum, aber sie tun es. Ihr teilt die Emotion mit ihnen. Folglich bekommen die Seelen eurer Seelengefährten jetzt dieses Verstehen, und sie wachen auf. Und sehr bald, ohne jeden Grund, werden sie verstehen, daß sie für ihre Leben verantwortlich sind, und diese Wahrheit wird sie frei machen. Frei! Um wie ein Vogel davonzufliegen? Nicht unbedingt. Sondern um frei zu sein von Dogma, dem

Einschüchterer des “sich erweiternden Geistes”. Sie erwachen infolge von euch. Sie *re*-agieren dort an ihrem Ende; und immer, wenn sie reagieren, bekommt ihr *ihre* Intensität. Also bekommt ihr zwei zum Preis von einem! Versteht ihr? Denn ihr beide teilt *alles* miteinander. Selbst wenn ihr euch seit eurer Teilung nie gesehen habt, habt ihr immer alles miteinander geteilt.

Nun, die ganze Zeit über habt ihr gedacht, weil ihr solch eine Vorliebe für ägyptische Kunstwerke habt, müßtet ihr dort wohl gelebt haben. Und ihr gingt zu einem Hellseher, und er erzählte euch von einem äußerst vielgestaltigen Leben, das ihr dort gelebt habt - (Wißt ihr, was mit einem “vielgestaltigen Leben” gemeint ist? Ihr wart eine Königin oder ein Pharao. Niemand war jemals ein Landarbeiter von der Straße. Dies ist keine so nette Sache, um sie einem Kunden zu erzählen) - nur, um dann herauszufinden, daß ihr überhaupt niemals dort gelebt habt! Euer *Seelengefährte* lebte dort! Versteht ihr?

Warum wollt ihr gerade nicht nach Mesopotamien fahren? Weil ihr dort schon *gelebt habt,* und grandiose Lebenszeiten dort verbracht habt. Es zieht euch nicht dorthin, weil ihr bereits alles aus der Erfahrung erlangt habt, was ihr wolltet. Es ist alter Kram, es ist ein alter Hut. Eure Seelengefährten aber werden ein Wissen über Mesopotamien in sich haben, und dennoch ist es ein Geheimnis, weshalb sie das fühlen, da sie doch niemals dort gewesen. Es liegt daran, daß sie die Wohltaten eurer *erschöpfend* gelebten Lebenszeiten geerntet haben. Seht ihr, wie das funktioniert?

Den Meister in euch zu erwecken, bedeutet auch, den Christus in eurem Seelengefährten zum Erbeben zu bringen.

Nun, ich bemühe mich, euch ein nicht lehrbares Wissen zu lehren, das nur aus dem *Wollen* kommt. Ihr könnt die Tugend, urteilsfrei zu sein, ausüben; ihr könnt die Tugenden der Barmherzigkeit und der Güte ausüben, aber ihr werdet niemals eine vollendete Istheit sein, bis ihr es sein *wollt,* bis ihr aufwacht!

(Legt die Hände auf die Hüften) Wißt ihr, ich bin wie ein Kinderhütedienst! Ich hüte euch in einem großen Umfang. Ich schicke euch immer wieder Ermahnungen, in der Hoffnung, daß ihr aus dieser ganzen Klemme herauskommt. Es braucht nur einen Augenblick, um das zu wollen - und dieser Augenblick ist *gänzlich* in eurem Innern ausgerichtet. Ihr braucht keine Psalmen zu singen, bis ihr heiser seid. Ihr braucht

nicht zu meditieren. Ihr braucht nur zu sein. Dann sind diese Tugenden einfach nur. Sie *sind* einfach. Und je näher ihr etwas Lebendigem der Natur seid, umso großartiger wird jenes "Sein" werden. Dann wird euer Genius fließen.

Habt ihr kürzlich einmal eine Blume betrachtet? Habt ihr ihr Aroma gerochen, ihren starken Duft? Habt über ihre Farb, über ihr Leben gestaunt? Wenn nicht, dann habt ihr nicht über die Widerspiegelung des Genius, des Gottes, der in euch ist, gestaunt.

Ihr braucht nicht eine einzige rituelle Praktik zu befolgen, um zu werden. Ihr braucht es nur zu *wollen,* daß ihr werdet und Gott liebt, daß ihr Gott *liebt,* mit all eurer Kraft und all eurem Sein und all eurem Atem, denn der Atemzug, den ihr nehmt, *ist* Gott, die Lebenskraft. Und erzählt mir nicht, daß ihr Gott liebt, wenn ihr nach wie vor über eure Nachbarn urteilt, denn eure Nachbarn *sind* Gott. Sie sind Gott! Versteht ihr?

Zuhörer: Ja.

Ramtha: Jetzt wollen wir einen kleinen Trinkspruch verfassen. *(Erhebt sein Glas)* Auf den erwachenden Meister! Auf das Leben! Für immer und immer! So sei es!

Zuhörer: So sei es!

Ramtha: Nun, zur Freude. Ihr alle denkt, daß euer Seelengefährte euch Freude bringen wird. Darum wollt ihr ihn in Windeseile haben! Aber das ist eine weitere Begrenzung, weil ihr nach wie vor nach jemandem außerhalb sucht, der euch glücklich machen soll, *nicht wahr?* Ein Seelengefährte wird euch *nicht* das Glücklichsein bringen! Oh! - Sah ich lange Gesichter? Wenn die Leidenschaft und die Explosion dessen aufhört, werdet ihr nach wie vor dieselben alten *ihr* sein, nur irgendwie verstärkt.

Freude ist *selbst*-verwirklicht, und sie zieht eure Macht wieder zu euch zurück. Wußtet ihr das? Freude ist das Resultat von Souveränität. Sie ist der große Schatz, das Paradies des Fühlens. Und dennoch gibt es hier eine Schar von euch, die jenes Gefühl *niemals* kennengelernt haben. Ihr habt den Ausbruch von Lachen über derbe Witze und dergleichen kennengelernt, aber niemals seid ihr aufgrund dessen, weil ihr in einem Zustand von Sein lebt, in allen Augenblicken froh gestimmt und glücklich gewesen. Immer gibt es irgend etwas, das euch niederdrückt - und ihr selbst erschafft diese Dinge. Wenn eure Kinder euch unglücklich machen, dann deshalb, weil ihr es ihnen gestattet habt.

Wenn euch euer Ehemann keine Freude macht, dann deshalb, weil ihr es dazu gemacht habt. Ihr habt zugelassen, daß all euer Glücklichsein durch *sie* gefunden wird statt durch *euch selbst.* Begreift ihr? An alles, was euch nicht glücklich macht, gebt ihr eure Macht ab, weil ihr erlaubt, daß *es* eure *Re*-aktion bestimmt. Wußtet ihr das? Ihr seid darauf angewiesen, daß euch jeder andere glücklich macht. So schwach seid ihr! Ihr seid sogar darauf angewiesen, daß euch eure Lenden glücklich machen, und das heißt, euch selbst gegenüber unfair zu sein.

Ein Meister *ist,* immer. Ein Meister liebt, sicherlich, und seine Liebe ist bedingungslos, aber er steht auch zu sich selbst. Denn, je mehr er zu sich steht, umso größer ist seine Heilkraft für die gesamte Welt.

Gott und Christus werdet ihr *für euch selbst* - trotz der Welt und dennoch *für* die Welt. Mit anderen Worten: *Ihr kommt zuerst* - ihr und euer Gott. Der Rest der Welt muß eben warten, bis der Prozeß des Werdens "einfach wundervoll" geworden ist.

Seht euch an! Wißt ihr, auf wie viele Menschen ihr angewiesen seid, daß sie euch glücklich machen? Würdet ihr das gerne näher betrachten? Ich werde sie zu euch schicken - alle! Und sie alle werden herbeigerannt kommen, und sie alle werden euch um euren Rat fragen - aber sie werden das *Gegenteil* von dem tun, was ihr ihnen zu tun geraten habt. Und sie werden da sein, anscheinend alle auf einmal. All die Menschen, die ihr gezwungen habt, euch glücklich zu machen, werden an euch hängen wie *Klebstoff!* Zuerst werdet ihr euch wichtig und wundervoll fühlen, aber wenn sie dann *nichts* von dem tun, was ihr ihnen geraten habt, werdet ihr wütend, elend und unglücklich werden. Ich tue dies, damit ihr euch selbst nicht länger zum Narren haltet. Ich möchte, daß ihr erkennt, daß ihr von Menschen abhängig seid, glücklich gemacht zu werden, daß andere Menschen euch glücklich machen, als daß ihr es vielmehr von euch selbst abhängig macht.

Ich möchte, daß ihr euch selbst fragt: "Würde irgendeine dieser Personen für mich sterben, wenn für mich die Zeit kommt, diese Ebene zu verlassen?" Nun, ich möchte, daß ihr darüber *nachdenkt.* Wird von all diesen wichtigen Menschen, für die zu leben und die dazu zu bewegen, euch Freude zu bringen, ihr so eifrig beschäftigt seid, wird irgendeiner von ihnen an eurer Stelle sterben, um euch den Kummer zu ersparen? Möchtet ihr einen Boten haben, um das herauszufinden? Möchtet ihr zu dem Moment kommen, wo ihr diese Ebene verlaßt, und sehen wie ihre Reaktion sein wird, wenn ihr sie fragt: "Willst Du nicht den Platz mit mir tauschen?" Wollt ihr, daß ich so weit gehe?

Zuhörer: Nein.

Ramtha: Warum nicht? *(Zuhörer lachen)* Ihr seid Angsthasen. Noch eine Begrenzung.

Meister, sie würden euer Angebot nicht annehmen. Das würden sie *nicht.* Also, warum macht ihr sie zum Schlüssel für euer Glücklichsein? Warum macht ihr sie für euer Leben verantwortlich? Sie haben das nicht verdient. Und ihr seid damit ein Unterjocher. Wußtet ihr das? Nun, das ist eine große Wahrheit, die euch niemand wirklich gelehrt hat, weil es eine bedrohliche Art und Weise ist, das Leben zu sehen. Ihr alle wollt das nicht hören, weil ihr nicht bereit seid, souverän zu sein. Daran liegt es, weshalb ihr nicht bereit seid für eure Seelengefährten - weil das es ist, was dazu nötig ist: *ganz für sich allein* glücklich zu sein. In der Tat? *Hört ihr mich?*

Zuhörer: Ja!

Ramtha: Fühlt ihr mich?

Zuhörer: Ja!

Ramtha: Ich werde euch testen! So sei es!

Vielleicht beginnt ihr, ein Bild des bevorstehenden Fließens zu fühlen, das einfach ist, das der "Prozeß im Innern" ist, der es dem Gehirn erlaubt zu wachsen, der es dem Licht erlaubt, um euch herum riesengroß zu werden.

Nun, um eure Macht zurückzugewinnen, fragt ausschließlich euch selbst um Rat. Erinnert euch: Niemand anderer weiß die Antwort überragender, als der Gott in eurem Innern sie weiß. Denn die Frage *ist* die Antwort. Von dem Herrn-und-Gott eures Seins aus bittet den Vater in euch um Wissen; und es wird sich für euch manifestieren - und es ist völlig "maßgeschneidert". Von dem Herrn-und-Gott eures Seins aus bittet den Vater in euch um Klarheit, um Wissen, und dann seid einfach nur und laßt zu, daß es kommt. Wenn ihr es am wenigsten erwartet, werdet ihr erleuchtet sein. Erleuchtet! Ihr werdet die Antwort über Worte hinaus wissen; es ist nun Weisheit in eurer Seele, eine weitere Perle, die ihr mit euch nach Hause nehmt. Und ihr werdet euch ziemlich arrogant fühlen, wenn ihr zu wissen beginnt.

Nun, weil ihr für *euch selbst* wißt, bedeutet das nicht, daß ihr auch für euren Nachbarn wißt. Es ist gefährlich, Wissen an andere zu geben.

Wißt ihr warum? Weil sie nur das hören wollen, was sie hören wollen, wenn sie nicht mit dem Werden befaßt sind. Und wenn es nicht funktioniert, was glaubt ihr, wen sie dann aufsuchen werden?

Ich habe euch individuell angesprochen, doch in Wirklichkeit habe ich mit euch *beiden* gesprochen. (Das ist eine überragende, unbegrenzte Methode, diese Zuhörerschaft auszudehnen.) Alles, was ich euch mitgeteilt habe, wird geschehen zum Ruhme des Vaters in *euch* und dem anderen "Du", das ihr seid, um eine Offenbarung von Wahrheit kundzutun, die euch frei machen wird.

Nun, noch eine große Lehre solltet ihr kennen: So etwas wie *Un*-wahrheit gibt es nicht. In dem ALLES-IN-ALLEM gibt es so etwas wie *Un*-ALLES nicht. Alles ist wahr, denn was immer man denkt, fühlt man, und was immer man fühlt, ist zu einer Wirklichkeit geworden. Eine Person kann ihre Wahrheit jeden Augenblick ändern, denn wann immer man seine Meinung ändert, verändert man seine Gefühle. Und wenn die Gefühle verändert sind, dann hat man eine neue Wahrheit angenommen, und man wird anders reagieren. Wußtet ihr das? Ihr wußtet es nicht, hm?

Jeder hat recht. Die Person, die nicht an Gott glaubt hat recht. Die Person, die euch haßt, hat recht. Wußtet ihr das? Denn jeder ist ein Gott und sie alle erschaffen ihre eigene Wirklichkeit, folglich ihre eigene Wahrheit. Dies sind starke Lehren, aber ein Meister begreift sie.

Es gibt jene, die denken, sie besäßen *die* Wahrheit (man nennt das ein Dogma); und wenn ihr nicht ihre Wahrheit glauben wollt, werden sie euch verfolgen, euch verbannen und euch im Namen Gottes verdammen. Wußtet ihr, daß sie recht haben? Ihre Wahrheit ist eine Wirklichkeit - aber nur, wenn ihr diese *akzeptiert.*

Wenn ihr wünscht, EINS zu werden, müßt ihr anderen ihre Wahrheit erlauben. Wenn ihr das nicht tut, dann werdet ihr in deren Polaritäten verwickelt; ihr werdet ein Krieger. Versteht ihr? Wenn ihr ihnen ihre Wahrheit nicht erlaubt, ohne Verfolgung, ohne gegen sie Krieg zu führen, werdet ihr niemals eure eigene Wahrheit kennen, und ihr werdet zu Sklaven eurer Urteile über andere werden. Ihr gebt ebenfalls eure Macht weg, indem ihr andere für das verdammt, was sie glauben. Versteht ihr?

Zuhörer: Ja.

Ramtha: Nun, was bedeutet es, "ein Licht zu sein"? Es bedeutet, daß ihr eure Wahrheit *lebt, eure* Wirklichkeit. Wahrheit ist nicht eine *sprechbare* Sache, sondern eine *lebbare* Sache. Und die Tugenden, die damit einhergehen, ein Licht zu sein, sind das "In Freiheit Lieben" und das "Zulassen (Erlauben; Anm. d. Übers.)". Wenn ihr andere liebt, indem ihr ihnen die Freiheit gewährt, ihre eigenen Wahrheiten zu haben und auszudrücken, seid ihr ein Licht für jene, die eure Wahrheit sehen *wollen*. Versteht ihr, wie das abläuft? *(Erhebt sein Glas auf und spricht in gesetztem Ton)* Auf die Freiheit!

Zuhörer: Auf die Freiheit!

Ramtha: Nun werde ich euch euren nächsten Boten schicken. Drei Wesenheiten werde ich euch senden. Die Wesenheiten, die zu euch kommen werden, haben verschiedene Glaubensvorstellungen, und jeder von ihnen wird den Glauben der anderen verfolgen, weil sie das Gefühl haben, daß nur sie den "richtigen" haben. Und sie werden *sehr* überzeugend sein. Ich werde sie euch schicken, und ich möchte eure Reaktion auf die drei sehen und fühlen, und welchen Unterschied ihr für sie darstellt. Abgemacht?

Zuhörer: Abgemacht.

Ramtha: So sei es!

(Die Zuschauer überblickend) Etwas Wundervolles geschieht gerade. Es gibt einige von euch, die es begreifen. Und da ihr es versteht, versteht es auch euer Seelengefährte.

Bevor ich euch jetzt gestatte, zu den Latrinen zu gehen, gibt es noch eine kleine Lehre, die ich euch in Bezug auf "spirituelle Wahrheiten" geben möchte, weil es nämlich viele von euch hier gibt, die sich "Spiritualisten" nennen, nicht wahr? Wußtet ihr, daß das eine Begrenzung ist? Wußtet ihr, daß wenn ihr sagt, daß ihr ein "Spiritualist" seid, ihr eure Macht an eine weitere Illusion abgegeben habt? Denn *alles* ist spirituell. Es gibt nicht *ein* Ding, das nicht spirituell ist.

Spiritualisten haben ihre eigenen Dogmen:

Wenn ihr sagt, ihr glaubt an das Karma, dann gebt ihr eure Macht fort und meißelt eure Bestimmung in Stein.

Wenn ihr sagt, ihr glaubt an die Sünde, dann seid ihr zum Untergang verdammt, gewiß. Wenn ihr glaubt, daß das "Rad des Lebens", die Wiedergeburt, das Idealland Utopia des fortwährenden Lebens ist, dann habt ihr einen begrenzten Geist - denn es gibt mehr über das Rad hinaus, und zwar solcherart, daß ihr es euch nicht vorstellen könnt!

Wenn ihr an “Zwillingsseelen” glaubt, habt ihr eine begrenzte Wahrheit. Es gibt einzig Seelen*gefährten.*

Zu sagen, ihr wärt Teil einer “Seelenfamilie”, bedeutet, daß ihr euch immer auf dieselben alten Seelen festlegt, ohne die Erforschung des menschlichen Dramas in all seiner Schönheit zu beachten.

Zu sagen, ihr wärt Teil einer “Seelengruppe” bedeutet, daß ihr all eure Brüder außer acht laßt und euch zu einem “Hierarchen” (Höhergestellten; Anm. d. Übers.) macht. Kennt ihr den Begriff “Hierarchie” (engl.: *higher*archy)? Wenn ihr selektiv in Gruppen werdet, seid ihr Hierarchien, dann seid ihr verändert, weil Gruppen ein Teil des veränderten Egos sind.

Wußtet ihr, daß “Ego” eure Identität bedeutet, welche Gott ist. Wißt ihr, was “verändertes Ego” ist? *Veränderte* Identität, *veränderter* Gott, was begrenzter Ausdruckweise gleichkommt, begrenztem Gott, einem Drittel Gehirnkraft. Wißt ihr, woran ihr feststellen könnt, daß ihr ein mächtiges verändertes Ego besitzt? Ihr seid durchsiebt mit Vorurteilen und Urteilen; ihr lebt für gesellschaftliches Bewußtsein ... und ihr könnt nicht einmal ein einfaches Kopfweh heilen.

Nun, “besitzergreifende” Geister. Es gibt jene, die an besitzergreifende Geister glauben; das ist ihre Religion geworden. Aber solche Wesenheiten gibt es nicht. Ihr könnt nur von eurem eigenen veränderten Ego besessen werden. Ihr könnt ihm einen Namen geben, ihr könnt es Satan nennen, aber in Wirklichkeit seid ihr es. Es gibt keine Kraft über das Sichtbare hinaus, die böse ist. Das Böse existiert nur im Kopf derer aus Fleisch und Blut. Es gibt im Unsichtbaren nichts, das euch besitzen oder übernehmen könnte. Das könnt nur ihr allein.

Einige von euch, besonders jene in der “Hierarchie”-Klasse, haben “zahlreiche” Führer - und diese sind immer Aristokraten! Und je mehr Führer ihr habt, umso mehr habt ihr das Gefühl, etwas Besonderes zu sein. Nun, das ist ein Dogma; es ist ein spirituelles Dogma.

Wißt ihr, *wer* eure Führer sind? Ihr! Oh-h-h-h. *(Zuhörer lachen)* Ihr müßt nicht mit mir übereinstimmen. Ihr könnt weiterhin an diesen Wesenheiten festhalten, wenn ihr möchtet. Es ist in Ordnung. Aber wenn ihr damit anfangt, Führer um Antworten zu bitten, dann gebt ihr eure Macht fort, nicht wahr? Im Rahmen des erhabensten Wissens, wenn ihr ein souveräner Gott seid, *braucht* ihr keinen Führer - und schon gar nicht zweiundvierzig von ihnen!

Euer Geist (engl.: spirit) ist der Gott eures Seins. Er ist das Licht, das euren Körper umgibt. Es war das erste Licht der Schöpfung, und man nennt es die blaue Korona (dt.: Kranz, Krone). Eure Wissenschaftler haben dieses wunderbare Wesen photographiert, sie ist also eine wissenschaftliche Tatsache. Aber eure Photographie war lediglich in der Lage, die niedrigere elektrische Ladung (engl.: electrum) der blauen Korona einzufangen, denn dort ist sie negative/positive Energie; in jenem Teil ist sie Elektrizität. Folglich seid ihr um euren Körper herum gesehen worden. Und dennoch reicht der Gott eures Seins über das Sichtvermögen hinaus. Eure Photographie ist nicht geschwind genug, um das größere Licht, den höheren Schwingungsgrad der blauen Korona einzufangen, der sehr weit darüber hinausreicht. Das Licht von jemandem, der ein Meister ist, kann nahezu drei Meilen im Durchmesser umfassen. Bei jemandem, der verschlossenen Geistes ist und inwendig zusammenbricht, befindet das Licht sehr nahe an seinem Körper, weil er schwer in materieller Dichte ist. Er ist nicht er*leucht*et.

Der Gott eures Seins ist das Licht, das euch zusammenhält. Wenn ihr dieses erhabene Licht nicht um euch herum hättet, würdet ihr euch auflösen und wegschweben hinein in das Wissen, Zelle für Zelle. Was ist es also, das euch zusammenhält? Was ist der Leim? Man nennt es *Liebe*. Es ist GEDANKE, welcher Gott ist, in der Form von Licht.

Oftmals werden Wesenheiten ihren eigenen Geist, ihren eigenen Gott sehen, wie er vor ihnen einhergeht, und sie denken, es sei eine andere Wesenheit. Sie geben ihr sogar einen Namen. Und dennoch ist es nur das Licht ihres Seins. Denn oft wird sich euer Licht vor euch zentrieren, und ihr werdet den Schimmer davon sehen.

Ihr und euer Gott, der viele Namen angenommen hat, seid euer großer Führer. Von dort bekommt ihr all eure Antworten. Also, anstatt es "Häuptling Rote Feder" oder "Dr. Ming Hing Poo" aus der dritten Dynastie oder "George" zu nennen, nennt es, was es ist: ICH BIN! Es *weiß alles*.

Jeder, der in seinem Kopf eine Stimme hört, denkt sogleich, er sei ein Channel (dtsch: Kanal) oder ein Medium. Er ist es nicht. Warum könnt ihr nicht akzeptieren, daß es sich um euer *eigenes* inneres Wissen handelt? *Das* ist es nämlich, was ihr hört.

Wenn ihr euch selbst, den Gott eures Seins, fragt, er *weiß;* er hat die Antworten. Sobald ihr jemand anderen fragt, ist es immer ein fruchtloses Spiel, ein Rätsel, eine Spekulation.

Wißt ihr, was ein Amulett ist? Es ist ein besonderes Emblem, das um den Hals getragen wird, das angeblich mit der Kraft ausgestattet ist, euch zu schützen, aufzurichten, zu heilen und euch bei der Sache zu halten. Wußtet ihr, daß Kristalle Amulette sind? Wußtet ihr, daß sie außerdem eine Begrenzung darstellen, denn was außerhalb eures Seins könnte euch in eurem Sein größer machen, eh? Es ist in Ordnung, über euren ganzen Körper Kristalle verteilt zu haben, aber wenn ihr im Innern verfault seid, werden sie keinen Unterschied machen! Und ein Kristall kann euch nicht heilen. Er kann es nicht. Nur *ihr* könnt das.

Sterne und Planeten regieren eben nicht euer Leben. Es ist eine Heuchelei zu sagen, daß ihr Gott seid, und dann zu sagen, daß das Universum eure Bestimmung geplant hat. Wißt ihr, warum Astrologie funktioniert? Weil es diejenigen gibt, die sie ins Funktionieren *hineinglauben. So* mächtig sind sie! Und dennoch schenken sie den Sternen Glauben. Sie sollten sagen: "Ich habe es vollbracht!" und das wäre eine äußerst zutreffende Bestätigung. Wird das Bild klarer für euch?

Zuhörer: Ja.

Ramtha: Nichts außerhalb von euch regiert euch, es sei denn, ihr wollt, daß es das tut. Ihr laßt euch von Wesenheiten erzählen, was *ihr* wißt, und dann schenkt ihr *ihnen* vollen Glauben. Ihr gebt eure Macht an sie ab, an die Sterne! An die Amulette! An die Kristalle! Ihr könnt euer Chakrensystem nicht mit Kristallen ins Gleichgewicht bringen! Wacht auf! *(Schreit) Wacht auf!* Kein Wunder, daß die Gurus in eurem Land ein Freudenfest haben! *(Schüttelt seinen Kopf in gespielter Abscheu)* Kein Wunder! Ihr *braucht* eure Chakren nicht einmal ins Gleichgewicht zu bringen, wußtet ihr das nicht?

Eure Siegel, eure Chakren, sind die göttlichen Sieben, die am Beginn des menschlichen Dramas und der Teilung der Seelengefährten vorhanden waren. Sie erlaubten und erschufen den Fluß der Hormone, der sich in Übereinstimmung damit entwickelte, ob es sich um eine positive oder negative Energie im Körper handelte. Die Siegel, die ihr jetzt besitzt, sind mit den Siegeln eures Seelengefährten verbunden. Wußtet ihr das? Sie sind ein und dieselben, nur daß sie aufgrund unterschiedlicher Energie arbeiten. Sie sind verbunden, und sie tauschen Wahrheiten miteinander. Also, wozu müßt ihr sie ausballancieren? Sie sind *alle* funktionstüchtig. Wären sie das nicht, würdet ihr nicht hier sein!

Nun, ihr meint, indem ihr kleine Nadeln in euren Körper steckt, wird euch das eine Offenbarung bringen? Träumt nur weiter! Das ist wieder ein Dogma. Es ist in Ordnung, solcher Praktik Macht zu geben, aber ihr habt damit ebenso euer Wissen weggegeben. Wußtet ihr das?

Jetzt versteht ihr, warum so viele Wesenheiten mich nicht lieben - weil ich ihnen ihre Krücken wegstoße.

(Erhebt sein Glas, seufzt und bringt einen Trinkspruch aus) Auf die menschliche Komödie! *(Schaut auf all die düsteren Gesichter und bricht in ein Gelächter aus über ihre Ernsthaftigkeit)*

Das sind alles spirituelle Dogmen. Und es ist in Ordnung, an sie zu glauben, wenn das eure Wahrheit ist. Es ist in Ordnung. Solange ihr jedoch an eine Macht außerhalb von euch glaubt, werdet ihr niemals ein Christus werden. Niemals!

Dogma ist eine Heuchelei gegenüber göttlicher innerer Offenbarung. Es kann nicht existieren, es sei denn, daß ihr eure Macht von euch selbst wegnehmt und sie in etwas anderes hineinlegt. Dann wird sie zu Dogma und zu einer Religion.

Niemals werdet ihr fähig sein aufzufahren, wenn ihr so viele Rechnungen zu begleichen habt. Ihr werdet niemals auffahren, wenn ihr überall so viele spirituelle Schulden verstreut habt. Ihr werdet lediglich sterben. Das Auffahren ist die natürliche Reaktion auf ein Leben, das als *souveräne* Wesenheit in Freude gelebt wurde. Je mehr Macht ihr wieder zurückholt, umso glücklicher werdet ihr sein, und umso mehr öffnet sich euer Gehirn. Je mehr euer Gehirn, euer Empfänger, sich öffnet, umso großartiger wird euer Körper. Wenn euer Gehirn in voller Blüte steht, gleich einer Lotosblüte, könnt ihr auffahren, weil ihr dann die *Macht* habt, die Schwingungfrequenz eurer Zellmasse zu erhöhen und in eine andere Zeit, an einen anderen Ort, in eine andere Dimension zu gehen - weil ihr *alles* besitzt (engl.: “to own” - Emotionen bzw. Erfahrungen zu “besitzen”, “zu eigen zu haben”, bedeutet, sie ohne Bewertung zu betrachten, und dadurch abzuschließen, indem man sich den darin liegenden Erfahrungswert, also das damit verbundene Wissen bewußt macht; dann besitzt man sie als Weisheit in der Seele; Anm. d. Übers.)! Versteht ihr, was ich euch am heutigen Morgen in eurer Zeitrechnung lehrte?

Zuhörer: Ja.

Ramtha: Nun, werdet glücklich. Werdet glücklich! Meine geliebten Meister, wenn ihr über das, was ich euch hier lehrte, nachdenkt, euren Gefühlen folgt, euch erlaubt zu sein, werdet ihr bald finden, daß Haß, Bitterkeit und Zorn nicht mehr in euch sind. Und in dem Vakuum wird Freude sein, die Heilerin des Geistes. Und jene Lecks, aus denen ihr sozusagen auslauft? Sie werden abgedichtet sein, weil ihr nun *alle* Gefühle besitzt. Ihr werdet erkannt haben, daß ihr immer schon die Macht hattet, die Gefühle zu erfahren, von denen ihr glaubtet, daß nur ein anderer sie euch geben könnte. Und genau dann werdet ihr jenes mystische Rätsel, euren sogenannten Seelengefährten direkt zu eurer Türschwelle heranziehen, weil ihr dann einander *verdient*, denn ihr seid beide im Besitz des einzigen Gesetzes, das das Leben regiert: "ICH BIN!" Wenn ihr jene Souveränität besitzt, jenes Gefühl von Freude, kann nichts, nicht einmal der Tod, dies jemals von eurem schönen Selbst wieder entfernen.

Werdet glücklich! Entledigt euch der Dinge in eurem Leben, die euch keine Freude bringen. Ihr *wißt,* welche es sind. Ihr braucht euch nur umzuschauen. Was versklavt euch? Was begrenzt euch? Was befindet sich um euch herum, das eure Knöpfe drückt? Ganz gleich, wieviel es kostet, erlaubt ihnen aus eurem Leben wegzufließen.

Seht eure Wände an. Was hängt ihr dort auf? Was lest ihr? Womit füllt ihr euch an? *Alles, was euch keine Freude bringt - befreit euch davon!* Es ist wie ein Blutegel! Wenn ihr in eurer Beziehung nicht glücklich seid, sagt es! Seid ehrenhaft; lebt eure Wahrheit. *Lebt eure Wahrheit* zum ersten Mal. Wenn ihr umziehen wollt, zieht um! Was hindert euch daran?

Tut nicht irgendetwas von dem, was euch keine Freude bringt. Wenn ihr es dennoch tut, heißt das, euch nicht zu lieben. Seid fair zu euch selbst. Tut das, was euch Freude bringt, trotz all der anderen. Tut es um des Gottes in eurem Innern wegen. Geht d'rauf zu!

Nun zu einem weiteren spirituellen Dogma. Kennt ihr den Begriff "Der Weg"? In der Religion ist er so eng (weil engstirnige Wesen ihn erfunden haben), daß nicht jeder darauf gelang kann - nicht einmal sie selbst!

Der Weg zur Erleuchtung ist nicht *ein* Weg. Der Weg ist genau dort, wo immer ihr gerade seid.

Wußtet ihr, daß sich euer Weg winden kann, über Hügel führen, durch

Täler und Schluchten führen kann, vorbei an verträumten Ebenen, über Flüsse und Ozeane hinweg und durch murmelnde Bäche? Wußtet ihr, daß er unter dem Meer, über dem Meer hindurchführen kann oder vielleicht auf die andere Seite des Mondes? Wie werdet ihr wissen, daß ihr auf dem richtigen Weg seid? Wenn ihr ein Lächeln auf eurem Gesicht tragt; wenn das, was ihr tut, euch *glücklich* macht. Der richtige Weg ist immer dort, wo ihr glücklich seid. Und wenn der Weg in seinem Verlauf eine Gabelung hat, und ihr eine Wahlmöglichkeit habt, und keine davon euch glücklich macht, und ihr verwirrt seid, trefft keine Entscheidung. Entscheidet nicht! Bleibt genau da stehen mit einem Lächeln auf eurem Gesicht, wo ihr gerade seid, und erlaubt der Verwirrung sich zu legen. Es wird kein Jahrhundert dauern, nur Augenblicke.

Trefft niemals eine Entscheidung, wenn ihr verwirrt seid. Laßt zu, daß die Antwort kommt. Wenn ihr es *zulaßt*, wird der Weg klar werden, und zwar weil er sich gut *anfühlen* wird. Für andere mag er nicht der richtige sein, aber für euch wird er es sein. Versteht ihr?

Zuhörer: Ja.

Ramtha: Glücklichsein ist der einzige Pfad zur Erleuchtung. Denn je mehr ihr tut, was euch Freude bringt, desto umfangreicher öffnet sich euer Empfänger. Und je mehr Freude ihr euch bereitet, desto näher seid ihr am Gott. Das ist alles, was es braucht.

Nun, wißt ihr, was Langeweile ist? Viele von euch sind gelangweilt! Ihr fühlt es hier drinnen. Langeweile ist die Sprache der Seele, die sagt, daß ihr nun alles aus jener Erfahrung erlangt habt. Sie macht euch nicht mehr neugierig, sie fordert euch nicht mehr heraus, oder erhebt euch nicht mehr, weil ihr gelernt habt, was ihr daraus zu lernen benötigtet. Ihr werdet immer wissen, wann es Zeit ist, zu einer neuen Erfahrung weiterzuziehen, denn wenn ihr genug aus dem, womit ihr gerade beschäftigt seid, gelernt habt, werdet ihr gelangweilt werden. Dies bezieht sich auf Arbeit, Kreativität, Beziehungen, Ehemänner, Ehefrauen, Liebhaber/innen. Es ist auf alles anwendbar! Wenn euch etwas langweilt, ist es Zeit, etwas zu verändern. Dann ist es Zeit, weiterzugehen. Der Meister weiß, er hat etwas erlangt, also zieht er weiter. Und er geht nur in die Richtungen, die ihm Freude bringen. Er erlangt, und er geht weiter. Nun, ihr könnt den Rest eures Lebens in demselben alten Haus leben und dort vollkommen glücklich sein. Wenn es euch glücklich macht, bleibt dort. Versteht ihr?

Zuhörer: Ja.

Ramtha: Nun, was ist die Stimme Gottes? Was ist jenes Wissen, von dem ihr glaubtet, daß es wie ein Blitzstrahl vom Himmel kommen würde, um euch zu sagen, was ihr tun sollt? Es sind *Gefühle*. Die Stimme Gottes sind *Gefühle*. Die Stimme Gottes zu hören bedeutet, auf das zu hören, was ihr fühlt. Im Fühlen *ist*, in der Tat, das unaussprechbare Wissen. Nun begreift ihr, warum ich euch jenes Wissen nicht lehren kann, weil *ihr* diejenigen seid, die es fühlen müssen! Ich kann euch von dem Gefühl *erzählen*, aber ihr werdet niemals verstehen, wovon ich spreche, bis *ihr* dessen Erfahrung macht, bis ihr es fühlt. Versteht ihr nun?

(Bringt den Trinkspruch aus) Auf die Langeweile! Auf die Veränderung! Auf die Zukunft!

Zuhörer: So sei es!

Ramtha: Wißt ihr, warum ihr so unglücklich seid? Weil ihr Angst vor Veränderung habt; ihr habt Angst, euch auf irgend etwas einzulassen, das euch nicht vertraut ist. Deswegen seid ihr gelangweilte, armselige, unglückliche, elende, selbstmörderische Geschöpfe! Habe ich es zusammengefaßt?

Denkt einen Augenblick darüber nach. Steckt ihr fest mit demselben alten Liebhaber? Wohnt ihr immer noch am selben öden Ort? Arbeitet ihr immer noch in demselben monotonen Job? Und dennoch ändert ihr nichts, weil ihr Angst habt. Aber wußtet ihr, daß es in den zukünftigen "Jetzt" nichts gibt, das furchterregend ist? Nichts!

Kürzlich gab ich einer Zuhörerschaft Prophezeiungen über die künftigen Tage. Ich riet ihnen, sich vorzubereiten - das zu tun, was in der Natur schon *immer* ein traditionelle Existenzweise gewesen ist. Ich riet ihnen, Nahrungsmittel zu sammeln und anzulegen, wie die Ameisen. Habt ihr je eine Ameise beobachtet? Wenn nicht, werde ich euch einen Ameisenhaufen schicken. Er ist sehr lehrreich. Denn obwohl die Ameisen genügend zu essen haben, legen sie *auch noch* Nahrungsmittel zur Seite. Warum? Weil sie wissen, daß die Jahreszeit sich ändert, und der Winter kommen wird.

Ich sagte dieser Zuhörerschaft: "Geht, und legt für euch einen Nahrungsmittelvorrat für zwei Jahre an. Zwei Jahre." Ich erzählte ihnen, daß die Schatten des Superbewußtseins und die düstere Zeit des gesellschaftlichen Bewußtseins kommen würden - und sie nahmen es aus dem Zusammenhang heraus und wurden zu Fanatikern! Sie nahmen es sogleich als ein Dogma auf, anstatt als etwas Natürliches, das es zu tun gilt. Und sie dachten, daß jeder, der es nicht ebenso machte, tollkühn sei.

Sie wollten das gesellschaftliche Bewußtsein zu Ende gehen sehen, aber sie hatten Teile aus der Lehre ausgewählt, um nur *einen* Weg zu sehen, wie das geschehen könnte. Es gibt jedoch viele Wege.

Ihr alle solltet das Wissen von den Geschöpfen aufweisen, die ihr erschaffen habt. Habt ihr das Wissen, vorbereitet zu sein, verloren? Es *bedeutet* nicht, sich auf das Ende der Welt vorzubereiten! Es bedeutet, daß das Land einen langen Winter erwarten könnte. Aber, wenn der Winter kommt, ist der Frühling mit Sicherheit nicht gar zu weit. Begreift ihr?

Ihr denkt, ich hielte Wissen vor euch zurück? Das tue ich. Wißt ihr, warum? Weil ihr nicht alles verkraften könnt. Viele Dinge seid ihr nicht bereit zu wissen, weil ihr immer noch mit einer argwöhnischen, angsterfüllten Geisteshaltung auf die Zukunft schaut. Bevor ihr nicht eine Veränderung von der Langeweile hin zum Glücklichsein machen könnt, seid ihr nicht *bereit,* alles zu wissen, was geschehen wird.

Die Natur, die Gott ist, der Rhythmus des Lebens, wenn ihr so wollt, verfeinert sich selbst. Sie entledigt sich der Teile, die sich nicht fortpflanzen, die nicht zum Wert des Lebens beitragen. Sie entledigt sich jener Teile, die gegen die Muster der Evolution Krieg führen.

Die Krankheiten, über die ich vor langer Zeit sprach, sind jetzt da. Niemand wußte, wovon ich sprach, als ich sagte, daß sie auftreten würden. Aber sie sind die Natur, die sich von denen befreit, die nicht zum Muster der Evolution beitragen.

Wißt ihr, was ein Erdbeben ist? Es ist die Bewegung eurer Erde. Es ist wie ein Reißverschluß. Kennt ihr einen Reißverschluß? Hmm? Die Kruste eures Planeten hat viele davon, damit sie sich bewegen kann. Wißt ihr, was für Einfaltspinsel ihr seid? Ihr baut eure Häuser oben auf die Reißverschlüsse! Und dann, wenn sie beben, sagt ihr, es sei ein Racheakt der Natur, die alles zerstört hat. Es ist *eure* Dummheit! Es ist genauso, als ob ihr euer Haus auf den Gipfel eines Vulkans baut, damit ihr eine bessere Aussicht habt. Nun, ihr werdet eine Sicht bekommen, wie ihr sie nie zuvor gekannt habt. Man nennt es "Weggeblasen werden, damit das Königreich entstehen kann".

Die Erde muß sich bewegen, genau wie ihr. Es ist eine natürliche Angelegenheit. Deshalb wird es immer Beben in der Erde und vulkanische Bewegungen geben.

Wißt ihr, was die Vulkane sind? Es sind Dampfventile. Eure Erde ist im Innern hohl. Es gibt einen Druck, der sich zwischen den äußeren und inneren Schichten der Kruste bildet, und der muß abgelassen werden. Wenn die Vulkane blasen, lassen sie den Druck am Reißverschluß ab.

Nun, es gibt erloschene Vulkane. Äonen lang sind sie von Wesenheiten, die im Innern der Erde leben, als "Türen" benutzt worden. Aber es gibt auch viele Vulkane, die schlafende Drachen sind.

Es gibt Reißverschlüsse nah an euren Küstenrändern. Wenn ihr darauf eure sehr teuren Häuser baut, dann wißt, daß ihr Selbstmord begeht. Ihr mögt Gott oder der Revolte der Natur die Schuld dafür geben, aber es ist nicht die *Natur,* die euch zerstört, *ihr* seid es, die ihr in eurem Gehirn begrenzt seid, die das tun.

Seht euch doch all die Landmassen an, auf denen niemand lebt. Es gibt für jeden reichlich Raum, ohne daß man auf der Spitze der Reißverschlüsse leben müßte! Dort könnt ihr euer eigenes Paradies erschaffen, euer eigenes Meer, euren eigenen Ozean, wenn ihr das wollt.

Wißt ihr, ich erleuchte Wesenheiten. Und dennoch laufen sie immer noch herum wie verängstigte Hühner! Daher spreche ich, wenn ich über die Zukunft rede, mit großer Integrität.

Wißt einfach, daß ihr in einen Winter geraten werdet und seid dafür vorbereitet. Doch wißt auch, daß der Frühling bald folgen wird. Versteht ihr?

Zuhörer: Ja.

Ramtha: Nun, Veränderung. Ihr fürchtet euch vor dem Verändern. Was ich also tun werde, ist: Ich werde jede Langeweile in eurem Leben manifestieren, bis ihr euch in manischer Depression befindet. Es braucht oft zu viel von etwas, um euch zum Hinschauen zu bringen. *(Zuhörer stöhnen)*

Meister, auf einer bestimmten Ebene wollt ihr dies.

Nun, die nächste Manifestation, die ich euch schicke, ist eine strahlende Tür. Stahlend! Ihr werdet eine Wahlmöglichkeit haben. Ihr könnt in eurer Depression verbleiben oder durch die Tür gehen. Ihr werdet nicht wissen, was sich auf der anderen Seite der Tür befindet; aber es nennt sich Zukunft. Ich werde die Tür für euch manifestieren, ihr aber werdet die Entscheidung treffen müssen. Abgemacht?

Zuhörer: Abgemacht.

Ramtha: So sei es!

Nun, ich werde auch alle eure Ängste manifestieren. Ich werde sie deshalb manifestieren, weil sie dunkle Dinge sind. Nun, "Dunkelheit" ist nicht gleichzusetzen mit Böse. Dunkel (dunkle Dinge; Anm. d. Übers.) bedeutet, daß sie vor dem Licht versteckt sind. Wißt ihr, warum sie dunkel sind? Weil sie unbekannt sind. Und was immer unbekannt ist, demgegenüber raten euch eure Überlebensinstinkte, mißtrauisch und furchtsam zu sein. Ich werde all eure Ängste direkt an eure Türschwelle legen, damit ihr Wissen um sie haben mögt, und sie besitzt. Sie *besitzt!* Das ist Teil der Meisterschaft. Meister, wenn ihr sie euch erst einmal zu eigen gemacht habt, wovor könntet ihr euch danach noch fürchten? Nichts! *Gar nichts!*

Was geschieht mit euren Seelengefährten während all dieser Manifestationen? *Ihre* Ängste werden hervorkommen, und sie werden sie auflösen. Und was sie in ihrem Sin auflösen, davon gewinnt ihr.

Nun also beginnt ihr eine Weisheit und ein Wissen und eine Furchtlosigkeit zu erlangen, die ihr niemals zuvor hattet. Und obwohl euer Seelengefährte sich nicht ganz sicher darüber ist, was eigentlich in seinem Leben geschieht, was immer es ist, es ist ganz herrlich. Euer Seelengefährte wird ganz intuitiv auf eure Aktionen reagieren, und er wird beginnen, ein Versteck mit Vorrat zu besitzen. Es wird für ihn ganz natürlich sein. Und während er seine Handlungen durchführt, gibt er euch die Unterstützung, daß ihr euch gut fühlt mit dem, was *ihr* tut. Und so wachst ihr zusammen. Versteht ihr? Was immer ihr tut, tut ihr für euch beide, für die *Ganzheit* eurer selbst.

Es sind euch überragende Lehren gegeben worden, und ich habe sie mit Nachdruck zu euch gedrängt. Wenn ihr diese Zusammenkunft verlaßt, werdet ihr sogar noch mehr angetrieben werden. Ihr werdet in eure Meisterschaft hineingedrängt werden - weil ihr es *wollt!* Das Wissen, das zu erlangen ihr eine Million Leben gebraucht hättet, erlangt ihr jetzt in Augenblicken. Dafür, daß ihr erlaubt, daß es geschieht, grüße ich euch in Achtung.

Nun geht und eßt zu Mittag. Eßt herzhaft. Trinkt Tee zum Mittagessen, keine Milch. Ich lege keinen Wert darauf, daß ihr einschlaft, wenn ihr zurückkommt. Wann immer ihr eßt und Milch dazu trinkt (die ihr alle braucht), wird der Körper lethargisch. Trinkt nur Wasser oder Tee zu eurem Essen, damit ihr lebendig seid, wenn ihr hierher zurückkommt. Denn wenn ihr lethargische Zuhörer seid, werde ich euch zum Ausruhen schicken. Abgemacht?

Zuhörer: Abgemacht.

Ramtha: Wenn die Uhrzeit halbzwei erreicht hat, kommt wieder. In der Tat?

Denkt über euer herrliches Selbst nach. Segnet euer Essen; es wird Wunder für euren Körper vollbringen. So sei es! Das ist alles.

* * *

Samstag, Nachmittagssitzung 11. Januar 1986

Nachdem alle Teilnehmer vom Mittagessen zurückgekehrt sind und ihre Plätze eingenommen haben, beginnt Ramtha die Sitzung mit einem Trinkspruch.

Ramtha: Auf das Werden!

Zuhörer: Auf das Werden!

Ramtha: Auf das Leben! Für immer und immer und immer! So sei es!

Zuhörer: So sei es!

Ramtha: Wißt ihr, was ein "Einpaukkursus" ist? Nun, dies hier ist in der Tat ein Einpaukkursus. Wieviel ihr davon begreift, kommt ganz darauf an, wie sehr ihr euch öffnet und zulaßt.

Nun, da sitzt ihr auf eurem "Hosenboden", satt und ausgeruht (einige ein bißchen lethargisch), und ihr fragt euch: "Mache ich Fortschritte?" Das tut ihr in der Tat. Denn Wissen muß erst innerlich umarmt werden, bevor die Manifestation davon sichtbar werden kann. Ihr seid wie Gefäße, in die der Wein gegossen wird. Wenn ihr voll und glühend, reif, angereichert und rubinrot seid, wird eure Bestimmung in der Tat süß sein.

Dadurch daß ihr da sitzt, genau wo ihr seid, nehmt ihr auf, wie ein Meister aufnimmt. Wißt ihr, während andere nach Ruhm, Vermögen und Berühmtheit streben und schwer bedrängt sind, diese Erfahrungen innerhalb eines Polaritätsverständnisses zu manifestieren - nämlich im begrenzten Gedanken - kann ein Meister dasitzen, über das Konzept von all dem nachdenken, das Gefühl davon in seiner Seele umarmen, und die ganze Weisheit aus jenen Erfahrungen erlangen - ohne sich jemals von seinem Bettlager zu erheben! Wußtet ihr das?

Ein Meister kann die Weisheit besitzen, ohne sie durch ein dreidimensionales Verstehen erfahren zu müssen.

Ihr umarmt Wissen genau da, wo ihr gerade seid. Ihr macht es euch zu eigen, "Schlag um Schlag", und es ist im Begriff zu einer überragenden emotionalen Wirklichkeit zu werden, anstatt zu einer trockenen Philosophie, einem mutmaßlichem Konzept, wenn ihr so wollt. Ich bin sehr erfreut, denn sogar bei denen von euch, die am stärksten geistig verschlossen sind, bewegt sich etwas. Das ist Fortschritt; das ist E-vo-lu-tion.

Nun, ich sagte zu euch, daß jeder einen Seelengefährten hat. Wußtet ihr, daß eure *Katze* einen Seelengefährten hat? Wußtet ihr, daß euer Hund einen Seelengefährten hat? Sie alle haben Seelengefährten. Woher weiß Fifi, daß er zu einem anderen Hund gehört? Nun, woran erkennen sie ihre eigene Art? Ihr sagt: "Instinkt". Natürlich, aber was ist Instinkt? Er ist zellulares Seelengedächtnis. Dies wird vielleicht einige Wesenheiten "einen Schlag versetzen", weil sie exklusive Rechte auf Seelengefährten haben möchten. Aber alle Lebensformen in der Masse, die negative und positive Energie annehmen, haben ihr ergänzendes Gegenstück. Es handelt sich um die Wissenschaft von der dreidimensionalen Ebene.

Nun, es gibt sehr viel mehr über die ergreifende Bestimmung von Seelengefährten zu lehren. Es gibt sehr viel mehr, das es umfaßt, denn "Seelengefährten", das bedeutet das Miteinander-Teilen aller Lebenserfahrungen. Und so gibt es Myriaden elementarer Erfahrungen, die sich in großem Maße auf euch und euren Seelengefährten, bzw. euer anderes Selbst, ausgewirkt haben, und wir werden sie noch erläutern. Bis auf den Kern einiger von ihnen werden wir gehen.

Wißt ihr, was ein "Seitenwechsler" ist? Ich werde es erklären:

Wenn sich die Seele einer Frau in einem weiblichen Körper befindet, sind die Siegel in harmonischer Bewegung; sie sind in Übereinstimmung. Wenn eine männliche Energie in einem männlichen Körper ist, sind die Siegel ebenfalls in Einklang. Der Hormonfluß ist im Gleichgewicht, in harmonischem Gleichgewicht.

Der Mensch ist in seinem Drama und in seinem Traum aus vielen Gründen vom anfänglich jungfräulichen Geist in die Tiefen der Dekadenz gelangt. Der Sturz von des Menschen Göttlichkeit ereignete sich, als der Mann die Frauen als "seelenlos" erklärte. Der Grund dafür? Wenn Gott, oder eine Seele, aus euch herausgenommen wird, habt ihr keine Macht; ihr seid ein Nichts, ein Niemand; ihr seid weniger als die Tiere auf der Straße. Die schlauen Wesenheiten, die dies tun, handeln so, weil sie euch dann für ihre eigenen Wünsche, ihre eigenen Privilegien, ihre eigenen Bedürfnisse benutzen können und euch dazu bringen, ihnen zu willfahren.

Einst hatten die Frauen den Männern gegenüber ebenbürtigen Status. Männer und Frauen pflegten die gleiche Macht zu teilen. Wenn König und Königin den Thron innehatten, zogen sie einander ins Vertrauen, teilten miteinander ihre Weisheit, ihre Meinungen, ihre Ansichten. In eurer Geschichte aber begehrte vor langer Zeit ein sehr mächtiger Prophet es so sehr, Herrschaft über die Menschen zu haben, daß er im Namen Gottes eine neue Lehre hervorbrachte: Frauen seien seelenlos und seien den Männern untergeordnet.

Die Frauen wurden im Namen Gottes dazu gezwungen, von ihrer Gleichheit mit den Männern herabzusteigen und sie wurden wie Herdentiere. Selbst eure heiligsten Lehren aus alten Zeiten sprechen von "göttlichen" Männern, die alle viele Frauen besaßen, die ihre Frauen fortgaben, die mit anderen das Lager teilten, um Söhne zu zeugen, - und *das* hielt man für "heilig"!

Es hat eine Menge Spekulationen gegeben über das Verheerendste, was der Menschheit je zustieß. Viele von euch werden sich an eure jüngste Geschichte erinnern und den Mord an Millionen durch eine Wesenheit, die sie in den Tod schickte. Aber es hat vor langer Zeit Belagerungen gegeben, von denen ihr nicht einmal wißt, durch die weit *mehr* getötet wurden. Und dennoch würde all das zusammen keine so große Verhöhnung bedeuten, wie das eine, das man als den "Fall der Frauen" bezeichnet, denn von diesem Zeitpunkt an wurden die Frauen zu Vergnügungsobjekten für die Männer. Sie wurden wie Vieh in Harems gehalten. Sie wurden auf dem Auktionsblock auf dem Marktplatz unter seidenen, leuchtend roten und zitronengelben Zeltdächern verkauft. Das Geräusch schnatternder Gänse und der Geruch von Knoblauch, altem Käse, vergammeltem Wein und Kameldung durchdrang eure Sinne, während nackte Frauen zur Beschau standen, angemalt mit Kohle und Henna, darauf wartend, an den Meistbietendem zu gehen. Es passierte immerzu.

Was dann eintrat, war, daß Frauen keine Mädchen haben wollten, denn ihr Überleben wurde nur dann gefördert, wenn sie Söhne gebaren. Nach Söhnen bestand Nachfrage, denn sie fütterten die Kriegsmaschinerie. Oft kam es vor, daß ein kleines Mädchen von nur dreizehn Jahren selbst ein Mädchen in stiller Pein zur Welt brachte und es um ihres eigenen Überlebens willen auf den Dunghaufen außerhalb der Stadtmauern warf, wo Hyänen und Koyoten ihm die Gliedmaßen ausrissen. Ein gnadenloser Tod, in der Tat. (Denkt daran, jede Emotion wurde in der Seele aufgezeichnet.)

Niemand dachte sich etwas dabei, kleine Mädchen auf dem Markt zu verkaufen, deren Jungfräulichkeit bereits im Alter von drei Jahren mit einem marmornen Phallus zerstört wurde, damit der Statthalter, der sie für seinen Harem erworben hatte, sie belästigen konnte. Wenn die Reife der kleinen Mädchen begann, fanden sie sich in dem Bemühen wieder, ihre Brüste zu umwickeln, um sie flach zu halten, und ihre Schamhaare auszuzupfen, damit sie immer wie kleine Mädchen aussähen - denn, wenn sie erst einmal älter als dreizehn Jahre alt waren, wurden sie als alt und unerwünscht betrachtet. Wußtet ihr das? Niemand wollte Wesenheiten in seinem Harem, die Kinder gebären konnten.

Frauen war es nicht erlaubt, sich auszubilden. Es war ihnen verboten, sich Wissen über die Sterne, Mathematik, Physik und Philosophie anzueignen. Es war ihnen verboten zu lehren, Hieroglyphen zu lesen und Schreiberin zu werden. Es war ihnen einzig gestattet zu lernen, Hetären zu werden. Wißt ihr, was eine Hetäre ist? Ihr nennt sie Prostituierte, nur daß Hetären *ausgebildet* wurden in der Kunst, Liebe zu machen. Wißt ihr, daß, wenn man dazu ausgebildet wird, das zu tun, die Leidenschaft in der Seele stirbt; sie ist nicht länger vorhanden. Und da es Frauen nicht erlaubt war zu arbeiten, mußten sie sich für ihr tägliches Brot prostituieren, wenn sie "alt" waren und auf die Straße geworfen wurden. Es ist eine große Wahrheit.

Also hatten die Männer ihren Willen mit den Frauen; und es war akzeptabel. (Aber wieviel anders seid ihr *heutzutage?* Ihr, die ihr so viele Dinge akzeptiert?)

Nun, Männer hatten die Seele, sie waren die auserwählte Gruppe. Sie waren "die Wesen von Gott", und ihre *Pflicht* war es, die Kriegsmaschine zu füttern. Sie konnten nicht weinen, denn wenn sie weinen würden, wären sie wie eine Frau, und es bedeutete eine *schreckliche Verdamm-*

nis, eine Frau genannt zu werden! So konnten sie nicht weinen, und sie konnten auch nicht sanft und zärtlich sein. Sie mußten hart und rücksichtslos und all die Dinge sein, die auf das Mannsein hinweisen.

Männer wurden aufgezogen, um einander zu bekämpfen. Wenn sie in den Krieg zogen, konnten sie nicht erzittern, sie konnten keine Furcht zeigen. So angsterfüllt waren sie und dennoch in ihrer Angst so unterdrückt, daß sie wie verrückte Hunde kämpften. Eine *mächtige* Armee! Und jeder Kopf, den sie abhackten bedeutete, daß es nicht den ihren gekostet hatte; so kämpften sie mit großem Feuer und Eifer. (Denkt daran, daß alle ihre Emotionen in ihrer Seele aufgezeichnet wurden.)

Wißt ihr, was der Lohn eines Kriegers war, wenn die Schlacht vorbei war? Die Frauen und Kinder. Dann begannen Vergewaltigung und Plünderung. Die Männer ließen ihre ganzen Ängste und Frustrationen mittels sexueller Explosion heraus. Es war nichts für eine Frau, von einer ganzen Legion belästigt zu werden, denn *Schmerz* war auch ein Instrument sexueller Erfüllung geworden.

(Seufzt tief) Frauen verloren ihren Seelengefährten während des "Falles der Frauen", weil es den Männern nicht erlaubt war zu fühlen. Sie wurden von ihren Seelengefährten durch die Wirksamkeit von Glaubensanschauung, Dogma und gesellschaftlicher Akzeptanz getrennt. So haben wir nun Männer und Frauen, die, schwimmend in einem Meer menschlichen Aufruhrs, von ihrer gegenseitigen Realität getrennt sind.

Was sich dann zu ereignen begann, ist, daß Leben um Leben des Zurückkommens zum Rad der Inkarnation, zwischen Männern und Frauen - Seelengefährten - auf einer Seelenebene nichts geschah. Die Frauen waren jetzt alleine, und sie konnten nicht verstehen, denn nun waren sie ohne den männlichen Aspekt ihres Seins, mit dem sie ihr Wissen in Ausgewogenheit bringen konnten. Die Männer waren von ihren Frauen isoliert und konnten sie auf seelischer Ebene nicht verstehen, da es ihnen nicht erlaubt war, sie als Gleichgesetzte zu betrachten. (In den Zeiten, von denen ich spreche, wärt ihr getötet worden, wenn ihr gesagt hättet, daß diese Frau oder dieser Mann euer Seelengefährte, das euch Ebenbürtige sei, weil es einer Frau niemals erlaubt war, einem Mann gleichgesetzt gegenüberzustehen.)

Ihr wollt das alles überprüfen? Geht in eure Bibliotheken und taucht tief in eure Geschichte hinein und in das, was praktiziert wurde - was selbst noch dieser Tage in eurer Zeit praktiziert *wird.* Es gibt viele Religionen, die den Frauen immer noch den Gottesdienst zusammen mit Männern verwehren, weil man sie für "geringer als" hält. Und sie haben ihr Haar zu bedecken, ihre krönende Pracht, damit sie "nicht das Herz eines ehrenwerten Mannes versuchen". Frauen bemühen sich noch immer darum, den Männern gleichgestellt zu sein, sogar in euren sogenannten hochentwickelten Gesellschaften. Was geht hier *vor sich?* Wie unwissend *seid* ihr?

Fühlt ihr euch unbehaglich? Das *solltet* ihr!

Nun, das nächste Muster, das sich entwickeln sollte, bestand darin, daß viele Frauen als "Seitenwechsler" auftraten und einen männlichen Körper wählten, wenn sie entschieden hatten, wiederzukommen. Warum? Weil sie die Ehre sahen, die den Männern erwiesen wurde. Und sie dachten, daß ihr Leben viel leichter wäre, wenn sie keine Kinder gebären müßten. Sie glaubten, es wäre viel leichter, wenn sie nicht vergewaltigt und belästigt würden und keinen Schmerz erdulden müßten. Auch viele Männer, die nicht in den Krieg ziehen wollten, die in der Lage sein wollten, wie Frauen zu weinen, oder wie Frauen versorgt zu sein, glaubten, daß es leichter wäre, wenn sie als das weibliche Geschlecht wiederkämen. Also wechselten *sie* über zum anderen Geschlecht. Versteht ihr, was nun geschieht? Ihr müßtet euch der Tatsache vergangener Leben bewußt sein, um den Zusammenhang dieses Verständnisses, das eine historische Wahrheit in eurer Geschichte darstellt, geistig zu erfassen.

Was geschieht, wenn eine weibliche, negative Energie in einen Organismus männlicher Energie eintritt, in dem die Siegel dazu entworfen sind, auf positive Energie zu reagieren? Was geschieht, wenn eine Wesenheit von positiver Energie in einen Körper eintritt, dessen Siegel auf negative Energie reagieren sollen? Dann habt ihr einen sogenannten "Hybriden". Ihr habt *Verwirrung.*

So habt ihr nun die Frau, die in Wirklichkeit ein Mann ist, die mit drei Jahren belästigt wird - und dieser wird jetzt durch einen Mann mißbraucht! Nun habt ihr den "Mann", der mit zwölf Jahren in den Krieg zieht und den Säbel schwingt. Das kleine Mädchen, das nun in einer männlichen Energie verkörpert ist, entwickelt sich in eine Zwitterform (engl.: hybrid form) hinein, die einerseits grobschlächtig wie ein Mann, aber emotional wie eine Frau ist. Der Körper ist zweifelsohne männlich, aber die Seele ist weiblich.

Seitenwechsler sind Hybriden; oftmals die Liebhaber ihrer eigenen Gattung - eine Union, die nichts produziert. Und wenn ihr eine Verbindung von männlich und weiblich habt, in welcher einer von beiden ein "Seitenwechsler" ist, dann habt ihr negativ mit negativ oder positiv mit positiv. Wenn das so ist, dann *stoßen* sie sich gegenseitig *ab;* mit anderen Worten, sie entfernen sich voneinander. Wißt ihr, daß zellulare Masse sich in einem abstoßenden Prozeß nicht *entwickeln* kann?

Was geschieht, wenn eine Wesenheit die Seiten wechselt, der Seelengefährte aber bei seiner bleibt? Dann verliert der eine an Stärke, während der andere sie gewinnt. Und sie haben keine Verbindung miteinander, um voneinander zu schöpfen. Was tut der Seelengefährte eines Seitenwechslers? Er *stößt* den anderen *ab.* Nicht nur, daß diese Seelengefährten von Anfang an keine gute Kommunikation haben, sie werden jetzt noch weiter auseinandergedrängt, anstatt vielmehr *harmonisch* zusammenzuwachsen.

Was wäre, wenn es den Priester und den Propheten niemals gegeben hätte? Es hätte so etwas wie Seitenwechsler oder Hybriden nicht gegeben. Und wie würde eure Welt heute aussehen? Es gäbe keine Dekadenz (dt.: Entartung,Verfall).

Wißt ihr, ihr habt Brüder, die weit weit weg von hier an anderen Orten leben. Und sie sind von solcher Intelligenz, daß ihr sagen würdet, sie seien eine "Höhere Intelligenz". Nein, sie sind einfach tugendhaft. Tugend-haft! Sie mißbrauchen ihre Kinder nicht - eine in eurer Gesellschaft übliche Praktik. Und es ist nicht so, daß man das physisch *tun* muß. Ihr braucht lediglich daran zu denken, und schon ist es Realität.

Was *sind* eure Phantasien? Welche Knöpfe drückt ihr in eurer Seele bezüglich ihren Erinnerungen an Urzeiten, die im Ungleichgewicht waren? Ihr bewegt euch nach wie vor im selben Gefüge. Ihr mißbraucht nach wie vor eure Kinder. Ihr seht euch Dinge an, die die Degradierung der Unschuld darstellen. Es ist alltäglich für euch! Ihr hört euch Musik an, die durch sexuelle Gewalttätigkeit inspiriert ist. Ihr sagt, daß ihr die Worte nicht hört? Ihr hört sie *alle!* Die Seele ist sich *aller Dinge* gewahr.

Bei eurem Anbeginn auf dieser Ebene war Paarung ein Akt der Leidenschaft; sie war der Höhepunkt der Leidenschaft. Leidenschaft *bedeutete nicht* einfach den Samenerguß und die Muskelkontraktionen des geliebten Schoßes. Sie bedeutete Schöpfung! Schöpferische Macht! Das schöpferische Element! Leidenschaft war das IST, der große GEDANKE, der nachdachte. Und das Produkt der Leidenschaft war Licht!

Wißt ihr, als was eure Seele jetzt Paarung zu sein bestimmt? Häß-lich. Ihr nennt es "Sex"; und für euch ist er häßlich. Sie ist in Ungnade gefallen. Wißt ihr, warum einige Männer keine Erektion bekommen können, ohne daran zu denken, ein Kind zu belästigen oder einen Mann in seinem Rektum zu vergewaltigen? Weil sie diese Dinge getan haben, und weil die Erinnerung an die *Gewalttätigkeit* der sexuellen Erfahrung der einzige Knopf ist, der sexuelle Erregung hervorrufen kann. Sie müssen Sex erzwingen.

Männer ergießen ihren Samen, und sie meinen, das sei natürlich. Es ist so natürlich wie sterben! Denn jedesmal wenn ihr das tut, verausgabt ihr eure Lebenskraft, und sie stirbt vor euren Augen auf unfruchtbarem Boden.

Mit wem machen viele von euch Liebe? Es ist nicht euer Liebstes, denn ihr habt Phantasien über jemand anderen - oder über *etwas* anderes! Und wenn ihr Liebe mit einer Wesenheit macht, mit wie vielen Menschen schlaft ihr dann wirklich? Mit dreien, nicht mit einem; denn da sind vier von euch im Bett. *(Zuhörer lachen)* Erinnert ihr euch an die Seelengefährten?

Männer, ihr degradiert eure Frauen. Ihr kichert und lacht über sie. Ihr ent-würdigt sie noch immer. Ihr seht euch Bilder von ihren nackten Körpern an, auf denen ihre Schamteile zur Schau gestellt werden. Es ist nicht Leidenschaft, die ihr fühlt; es ist *Höhergestelltsein,* das ihr fühlt. Ihr glaubt, das sei natürlich? Das ist Dekadenz. Habt ihr euch je eure Mutter in einem dieser Magazine vorgestellt? Und euer Penis - ihr tragt ihn wie Markenzeichen. Der Penis wurde als Erweiterung geschaffen, um den Samen in das Nest zu legen, damit ihr jetzt hier sein könntet. Dafür wurde er von herrlichen Göttern erschaffen, die den Penis als heiliges, mit-schöpferisches Instrument ansahen. Und doch gibt es Orte auf eurem Marktplatz, wo man sie *verkauft,* Imitationen.

Ihr Männer habt Phantasien über euren Penis, ihr vergleicht sie, und ihr meint, daß ein Penis die Männlichkeit bestimmt. Wißt ihr, wo dieser Gedanke herrührt? Von euren Erinnerungen an alte alte Zeiten, die *noch immer* lebendig sind. Oh, ihr habt seither viele Leben gelebt, und die

Bühne hat sich verändert. Die Zeit hat sich verändert, die Technologie hat sich verändert, aber die Gedanken sind nach wie vor da. Da ist zwar ein neuer Körper, jedoch dasselbe alte Ihr, weil ihr nicht ablassen wollt, die Knöpfe in eurer Seele zu drücken, die euch immer wieder in jene Zeit zurückführen.

Ihr seid Kinderausbeuter. Ihr verachtet ihre Unschuld, ihre Selbstbestimmung und ihre Tugend. Das ist Dekadenz. Es ist ein Zeichen eures inneren Zusammenbruchs, dem Zusammenbruch der göttlichen Seele. Es ist ein Zeichen dafür, daß ihr euer Gehirn zumacht und damit auf eine niedrigere Stufe fallt, als es die Überlebenshaltung ist. Ihr würdet eher euer Gold nehmen und es für einen Schlager ausgeben, der moralische Dekadenz porträtiert, als einen Vorrat an Nahrungsmitteln zu kaufen für einen Winter, der schnell über das Land kommt. Ihr werdet euer Geld nehmen und losgehen, um euch einen Film im Kino anzuschauen, der eine Ausbeute an Dekadenz darstellt, und ihr hingegen nennt ihn eine großartige Darbietung. Das sollte euch *tausend* Jahre zum Weinen bringen. Aber ihr seid unterhalb des Überlebens und seid für Tugend unempfindlich.

Wären Frauen niemals aus der Gleichheit herausgefallen, hätte nichts von dem, was ich euch erzählt habe, je existiert, und das Superbewußtsein hätte auf dieser Ebene längst seinen Platz eingenommen. Wäre der "Fall der Frauen" nicht geschehen, hättet ihr jetzt ein voll funktionierendes Gehirn, statt eines, das zu weniger als einem Drittel arbeitet. Ihr würdet keine Krankheiten und kein Altern haben, weil ihr zeitlos wärt. Wußtet ihr das? Wißt ihr, daß eure Brüder, von denen ihr sagen würdet, daß sie von höherer Intelligenz sind, Millionen von Jahren im selben Körper gelebt haben? Es ist eine Wahrheit.

Ihr, die ihr dekadent seid, fallt in euren Seelen auseinander. Wenn der Winter kommt, werdet ihr, ich versichere euch, wie die Fliegen umfallen. Die Natur wird sich von der Dekadenz befreien, weil sich diese gegen das Kontinuum, die Tugend und die Reinheit des LEBENS richtet. Die Dekadenz führt Krieg gegen das LEBEN, und es ist ein Krieg, den das natürliche Element des IST immer gewinnen wird, das versichere ich euch. Und so ist es.

Warum fühlt ihr Männer so *sexuell?* Weil das alles ist, woran ihr denkt. Habt ihr je euren Samen zurückgehalten, anstatt ihn zu vergießen? Habt ihr je versucht, einfach nur zu *sein* und der natürlichen

Leidenschaft zu erlauben, euch zu erfassen? Sehr wenige von euch tun das. Alles wird erzwungen, und ihr müßt in euren Phantasien immer gewaltätiger werden, damit ihr es zustandebringt. Wenn ihr so handelt, drückt ihr die Knöpfe und setzt das urzeitliche Ungleichgewicht wieder in Kraft.

Warum besteht bei Frauen die Neigung, keinen Orgasmus zu haben? Weil in ihren Seelen sexueller Ausdruck gleichbedeutend geworden ist mit Gewalt und Überleben statt mit Vergnügen.

Was geschieht mit den Seelengefährten von jenen, die sich in ihrer Phantasie mit Gewalt beschäftigen, die ihren Samen vergeuden, die Kinder belästigen, die Ausbeuter des sexuellen Ausdrucks sind? Sie werden im Bilde sein über das, was ihr da tut, und sie werden nicht darüber hinwegsehen. Sie werden die Wahrheit der Natur eures Wesens erfassen, und sie werden euch wegstoßen. Je mehr ihr inwendig zusammengebrochen seid, desto weiter ist euer Seelengefährte weg.

Die Natur führt gegen das, was Leben verachtet, Krieg. Und der Krieg wird sich auf viele Wesenheiten auswirken. Nicht nur auf die Seitenwechsler, sondern auch auf jene von euch, die, wenn auch in der Stille ihres Wesens, in einem Zustand der Dekadenz leben. Es ist nichts falsch daran, in Dekadenz zu leben, versteht das richtig, wenn das eure gewählte Bestimmung ist. Aber wißt, daß ihr nicht in Harmonie mit dem Leben in seinem natürlichen Fließen seid; daher werdet ihr von dieser Ebene verschwinden, und eure Gattung wird ausgelöscht sein. Und wer wird übrigbleiben? Die Sanftmütigen der Erde. *(Bringt den Trinkspruch aus)* Auf das Leben! Für immer und immer und immer. So sei es!

Zuhörer: So sei es!

Ramtha: Nun, Yeshua ben Joseph (Jesus Christus; Anm. d. Übers.), Buddha Amin, Ra-Tabin waren alle große Christen. Und jeder von ihnen hatte gesagt: "Siehe, in den künftigen Tagen werden die Sanftmütigen die Erde besitzen." Habt ihr je gewußt, was die "Sanftmütigen" bedeutete? *Wesenheiten einfachen Geistes.* Jeder dachte immer, daß "einfachen Geistes" bedeutete, daß man dumm ist. Aber wißt ihr, daß durch Einfachheit eure größten Genies hervorgekommen sind? Einfachheit.

Die Sanftmütigen sind die Im-Einklang-Stehenden, und die im Einklang stehen, sind *offenen Geistes;* sie sind *einfach.* Anstatt in einem

Tempel am Gottesdienst teilzunehmen, gehen sie in einen Wald und beobachten die Natur bei Sonnenaufgang. Oder sie tanzen wie Elfenkönige und -königinnen unter einem sternklaren Nachthimmel. Einfach sind sie; und sie lieben den, der sie sind genug, um so zu sein. Deshalb werden sie übrigbleiben. Und aus solcher Tugend und Einfachheit wird das Superbewußtsein auf dieser Ebene geboren werden. Es ist nahe.

Wenn ihr euch selbst nicht genug liebt, um einfache Wesenheiten zu werden, werdet ihr sterben. So ist das. Ihr könnt all die Ausreden erfinden, die ihr erfinden wollt, ihr könnt jeden anderen für euer Schicksal verantwortlich machen, doch es wird daran nichts ändern! Und *wer* erschuf das? Ihr! *Ihr* macht den Unterschied.

Zu sagen: "Ich kann mich nicht ändern", ist eine Illusion; es ist ein Rückzieher. Ihr *wollt* euch nicht ändern! Ihr erinnert euch an "Wollen"? Ihr wollt eure Jungen-Liebhaber und Mädchen-Liebhaber nicht aufgeben. Ihr wollt eure Dekadenz nicht aufgeben. So sei es! Das ist in Ordnung, und ihr werdet nach wie vor geliebt. Aber wißt, daß eure Stunde nahe ist. Große Seuchen, ähnlich jenen, die in der Vergangenheit eurer Zeiten auftraten, werden wieder ausbrechen; sie haben bereits begonnen. Ihr werdet anfangen, eure Dekadenz wieder ganz und gar zu leben, nichtsdestoweniger seid ihr dafür *unempfindsam*, und ihr fahrt einfach damit fort, jene Knöpfe zu drücken. Nun, es wird zu einem großen Höhepunkt kommen und eure Dekadenz wird bald vorbei sein, um *niemals wieder* hervorzukommen. Sie wird *alter Seelenkram* sein.

Ihr wollt Meister sein? Habt keine Angst, euch zu verändern. Versteht ihr? Und erzählt mir nicht, es sei nicht *in euch,* euch zu ändern! Ich *weiß* das besser! Denn da ist ein Gott, der in euch lebt, der Macht und Herrschaft über *alle Dinge* hat - und ihr seid dabei, ihn zu Tode zu würgen! Aber er ist nach wie vor da. Wenn ihr aufhört, die Knöpfe zu drücken, erlaubt ihr, daß Weisheit hervorkommt. Wenn ihr aufhört, die Knöpfe zu drücken, erlaubt ihr eurer Seele, die Erfahrung zu *besitzen.* Dann wird die Dekadenz zur Perle der Weisheit werden, und ihr müßt sie nicht wieder und wieder leben.

Wenn ihr ein Meister zu sein wünscht, hört auf, Gedanken in eurem Geist zu akzeptieren, die Knöpfe in eurer Seele drücken. Muß ich euch sagen, um welche Gedanken es sich handelt? Seid ihr dafür so unempfindsam daß ihr das nicht wißt? *Wacht auf!* Ich werde euch Boten schicken, die all eure Knöpfe drücken werden. Sie werden lärmend vor euch erscheinen. So sei es!

Nun zu euch Frauen! Ihr liebt/haßt eure Männer. Ihr! Meistert das! Ihr Männer, ihr liebt/haßt eure Frauen. Meistert das! Wenn der einzige Ort, an dem ihr Trost, Frieden und Freude finden könnt sich unter einem erhabenen alten Wesen, genannt Baum, befindet, dann *geht dorthin* - um des Lebens willen. Versteht ihr? Hört ihr zu? *(Die Zuhörer sitzen da in verblüfftem Schweigen.)*

Jetzt "wißt" ihr. Jetzt seid ihr "im Wissen von"; ihr seid erleuchtet *über*. Und erzählt mir nicht, daß ihr keinen Unterschied machen könnt. *Ich* stelle einen Unterschied dar! Einen bedeutenden! Bald werde ich eine "in der Mode seiende Wesenheit" sein. Wißt ihr, was das heißt? Es bedeutet, daß jeder meinen Namen kennt. *(Zieht die Schultern hoch)* Na und. Nun, es ist nicht *wichtig,* daß sie meinen Namen kennen; es *ist* wichtig, daß sie diese Worte gehört und ihnen zugehört haben. *Das* bewirkt einen Unterschied. Wissen zieht Erleuchtung nach sich.

Alles, was ihr dafür tun müßt, ist, aufzuhören, die Knöpfe zu drücken; dann wird die Seele geheilt und das Licht beginnt sich zu erweitern. Und Liebe? Sie ist in der Tat da, und sie wird das gesellschaftliche Bewußtsein anheben.

Könnt ihr "nein" sagen und etwas hinter euch lassen, und nichts darauf geben, was andere denken? Kennt ihr das "Gras"? Wieviele von euch können an einem Joint vorübergehen? Ihr sagt: "Er ist nicht sehr stark. Ihn zu nehmen ist in." Aber wußtet ihr, daß ihr damit euer Gehirn *tötet?* Jedesmal, wenn ihr "high" (von Drogen herbeigeführter Rauschzustand; Anm. d. Übers.) seid, - wißt ihr, was das "high sein" bedeutet? Es bedeutet: der Tod eurer Gehirnzellen, die nicht ersetzt werden können, da sie sich nicht teilen und vervielfältigen. Wenn euer Gehirn zerstört ist, könnt ihr nicht mehr die Essenz und den Gedanken des Gottes, der euch umgibt, empfangen; ihr seid tot im Geist (engl.: mind). Jedesmal, wenn ihr jenes "Gras" inhaliert, seid ihr dabei, euch zu töten; ihr verliert die Fähigkeit, glücklich zu sein, weil da weniger und weniger vorhanden ist, um die elektrische Ladung der Gedanken, die Freude herbeiführen, zugänglich zu machen.

Viele von euch können nicht einmal "Nein" zu einem Joint sagen. Ihr könnt die Dekadenz nicht aufrechten Hauptes hinter euch lassen, denn dann würdet ihr euch genug lieben, um zu wissen, daß ihr dort nicht hingehört. Ihr könnt nicht einmal euer Fernsehgerät abschalten. Denn, wenn ihr das tätet, hättet ihr das Gefühl, daß ihr allein seid.

Wißt ihr, wodurch ihr eine Wesenheit kennenlernen könnt? Seht euch an, was sie liest. Seht euch an, was sie sich anschaut! Seht euch an, was sie sich an ihre Wände hängt und in ihre Schränke legt. Ihr braucht kein Hellseher zu sein. Ihr braucht nur zu *hinzusehen.* Das wird euch alles darüber sagen, wo ihre Seele ist und womit sie sie "füttert". Werft also einen Blick auf eure Wände, eure Buchsammlung und darauf, was *ihr* euch ansschaut! Das sagt alles.

Wußtet ihr, daß ihr mit dem Feuer der ursprünglichen Leidenschaft "Liebe machen" könnt, wenn ihr einfach euren Körper in Ruhe laßt und ihn zu euch sprechen laßt? Es ist wahr. Laßt eure Seele zu euch sprechen; sie wird euch sagen, wann ihr bereit seid.

Es gibt viele von euch, deren Leben durch die Lenden und den Schoß regiert wird. Wie ihr im Spiegel ausseht, ist die nächstwichtige Sache, die euch antreibt. Nun, für jede Wesenheit wird die Stunde kommen, da diese Dinge wegfallen und nicht mehr auftreten werden. Es ist die Stunde, wenn der Christ in euch auferstanden ist. Je mehr ihr beginnt, eure eigene Macht zu besitzen, umso mehr werdet ihr das Verlangen in eurem ersten Siegel schwinden sehen, da ihr der Macht gestattet, aufwärts zu gehen. Zölibat kann niemals erzwungen werden. Wenn man es erzwingt, schafft man Frustration. Zölibat ist eine natürliche Reaktion auf das Erwachen aus dem Traum des gesellschaftlichen Bewußtseins und auf das Meisterwerden. Es handelt sich einfach um eine Wiederbeschaffung von Macht. Es bedeutet, dem Gefühl in euren Lenden zu gestatten, euer gesamtes Wesen zu durchdringen. Versteht ihr?

Zuhörer: Ja.

Ramtha: Nun, ich habe mit euch allen eine Abmachung zu treffen. Kennt ihr das sogenannte Fernsehen - die Kästen, die die Vergangenheit wieder und wieder erschaffen? Was schaut ihr euch dort normalerweise an? Oder vielmehr, wodurch werdet ihr unterhalten? Durch rührselige Sendungen. Und oh! - wie rührselig sie *sind,* Trauma über Trauma, Schlag auf Schlag - und keiner ist jemals glücklich! Nun, als ich auf meinem Felsen saß, da gab es kein Fernsehen. Ich hatte nur den Wind, die Jahreszeiten, sternklare Nächte, den Mond und das Lachen der Kinder, um mich zu lehren.

Nun, die Abmachung ist nicht, daß ich wünsche, daß ihr euch auf einen Felsen setzt. Eure "Allerwertesten" würden das nie aushalten. Und was würden eure Nachbarn denken? Aber in eurem Fernsehen gibt es Programme, die "Natur" heißen. Wißt ihr, wovon ich spreche? Mein Anliegen ist, daß ihr sieben Tage lang den Stecker reinsteckt, den Fernseher anschaltet und *Natur a*nschaut. Abgemacht?

Zuhörer: Abgemacht.

Ramtha: Ich möchte, daß ihr seht, was mich über den Unbekannten Gott und über mich in meiner Beziehung zu ihm lehrte. Und wenn ihr eure rührseligen Sendungen verpaßt, erzähle ich euch, wie ihr es aufholt. Macht einfach eine "Lesung". Das braucht ihr nicht einmal tun; sie lassen sich *sehr* gut voraussagen. *(Spricht den Trinkspruch)* Auf die Natur! - und ein neues Verstehen. So sei es!

Zuhörer: So sei es!

Ramtha: Es wird eine Stunde kommen, da Frauen und Männer wieder in Harmonie sind. Das ist gewiß. Das ist Natur.

Nun, ich möchte zu euch in Bezug auf die Urteilshaltung sprechen. Wie kann man sich der Dekadenz enthalten, ohne über jene ein Urteil zu fällen, die daran teilhaben? Indem man jedem *erlaubt,* seine Wahrheit zu haben und ihn *in Freiheit* liebt.

Gott, das IST, das, was man als LEBEN bezeichnet, ist in einem Zustand des immerwährenden Zulassens, richtig? Nun, wenn er nicht so wäre, könnte sich das Leben nicht fortsetzen. Gott *läßt zu.* Und Gott ist weder gut noch schlecht; er *ist.* Auch ist Gott nicht Vollkommenheit, weil Vollkommenheit eine Begrenzung ist; sie begrenzt den Prozeß des Vorwärtsschreitens hinein in die Ewigkeit. Gott ist die sich ewig fortsetzende Istheit, die einfach *ist,* und sie erlaubt allem, was sie ist, zu sein. Das IST, das euch zuläßt, liebt euch in Freiheit um den *wilden* Ausdrucks ihrer selbst willen.

Also, was ist nun mit all jenen Wesenheiten, die an den Seuchen sterben (AIDS) und an dem Krieg der Natur, der mehr und mehr wird? Nun, es gibt in der Religion jene Menschen, die verkünden, daß sie Gottes Fürsprecher sind; und sie behaupten im Namen Gottes, daß diese Wesenheiten gestraft werden, daß sie verdammt sind.

Religion kann ohne gut und böse nicht existieren. Und es wird mehr Anstrengung darauf verwandt, zu strafen und das Böse hervorzuheben, als auf das Suchen nach *Weisheit.* Ich aber werde euch eine große Wahrheit sagen, die sich in harmonischem Fluß mit dem befindet, was ich euch gelehrt habe: Diese Wesenheiten, die da an den Seuchen sterben, sind weder gut noch schlecht; sie drücken sich einfach nur aus und sie lernen aus jener Erfahrung. Es ist etwas, was sie wollten. Sie wählten es und sie bekamen es. Ist es denn nicht genug, zu wissen, daß sie das Leben zu seiner niedrigsten Form gebracht haben, und daß das Leben sie nun zurechtweist? Ist es nicht genug, daß diese Wesenheiten einen äußerst schmerzhaften, demütigenden und sicheren Tod sterben, ohne daß ihr über sie zu Gericht sitzt? Ist das nicht *genug?*

Diese Wesenheiten sind Gott! Und sie werden erneut leben, an einem anderen Ort, zu einer anderen Zeit. Sie gehen nirgendwohin, damit sie gepeinigt würden. Das Leben zu verlieren ist schon Qual genug.

Laßt mich euch folgendes fragen: Wenn der kommende Morgen euer letzter wäre, würdet ihr ihn verschlafen? Gute Frage? Was würdet ihr tun? Ihr würdet *jeden Augenblick* davon leben. Und während die Morgendämmerung zuvor nichts besonderes gewesen war, würdet ihr sie nun sehen, wie ihr sie nie zuvor gesehen habt. Was war nötig für euch, um ihre Herrlichkeit zu würdigen? Zu wissen, daß ihr sie nie wieder sehen würdet. Ist es nicht eine Ironie, daß es Krankheit und Tod bedarf, um euch das Leben, die überragendste aller Gaben, bewußt zu machen? *Warum* wartet ihr bis zu euren *letzten* Augenblicken, es zu würdigen?

Diese Wesenheiten zählen ihre Morgen. Die Krankheit schreitet deshalb langsam voran, weil dies es ihnen erlaubt, ihr Leben einer schmerzlichen Überprüfung zu unterziehen, und es ihnen die Möglichkeit gibt, mit dem, was in ihnen ist, Frieden zu schließen und damit einig zu werden.

Liebt sie. Sie sind eure Brüder. Liebt sie! Sie zu lieben bedeutet nicht, daß ihr losgehen und die Niedertracht von ihren Wunden wischen müßt. Es bedeutet, sie zu *respektieren.* Es bedeutet, ihnen zu erlauben zu sein, ohne Urteil. Ihr eigenes Urteil lastet auf ihnen, genau wie eures auf euch lastet bei *euren* wildesten Phantasien, weil ihr zu euren Phantasien *werden* werdet. Laßt sie zu, ohne über sie zu urteilen. Sie sind stark unter Druck, den morgigen Tagesanbruch zu erleben, während *ihr* ihn verschlaft.

Ich denke über die Dunkelheit in dem Geist und in den Seelen der Menschheit nach, eine Dunkelheit, die so tief ist, daß es kaum eine Spur von Licht gibt, das einen Schimmer von Hoffnung wirft, eine Emotion, die besagt, daß sie sich auf die Liebe zu Gott stützt. Diese Wesenheiten, die behaupten, Gott zu lieben und in seinem Namen zu sprechen, beweisen das auf ausgesprochen finstere Verfahrensweisen, denn sie sind eifrig damit beschäftigt, ihre Nachbarn ins Höllenfeuer zu werfen, weil ihre Nachbarn nicht genauso eingestellt sind wie sie. Sie sind derart engstirnig in ihrer Polarität, daß es da keinen Raum für IST gibt.

(Räuspert sich und trinkt) Kein Wunder, daß so viele Wesenheiten Gott weder kennen noch lieben, denn diejenigen, die behaupten, Gott zu repräsentieren, bringen furchterregende Drohungen aus für deren Leben.

(Räuspert sich wieder) Wißt ihr, was dieses Siegel ist? *(Zeigt auf seine Kehle)* Man nennt es das "fünfte Siegel des Ausdrucks". Wenn ich diesen Körper benutze, und ich euch eine Wahrheit vermittle, die von großer Emotion ist, beginnt dieses Siegel sich zu schließen. Es handelt sich um einen alten Ausdruck, der "erwürgt werden" heißt. So werde ich in diesem Körper oft erwürgt.

Liebt GOTT, das LEBEN, mit eurer ganzen Kraft und eurer ganzen Schönheit. Liebt alle um ihrer einzigartigen Wahrheiten willen. Seid ein Licht für euch selbst. Urteilt über *niemanden.* Erlaubt allem zu sein. Und habt Freude an euren Kindern und zwingt sie nicht, so schnell erwachsen zu werden.

Weil ich in Bezug auf Dogma offen herausspreche, werde ich als böse Wesenheit verdammt. (Natürlich! Für sie ist *alles* böse.) Aber ich *liebe* jene, die in ihren Dogmen verstrickt sind.

Die Heilung für Dekadenz geschieht dadurch, daß man sich davon losreißt, von den Knöpfen abläßt, sich selbst liebt und die Urteilshaltung entfernt. Das Leben wird sich dessen, was nicht in Harmonie mit ihm ist, annehmen und entledigen. Habt Mitgefühl und seid in dem Prozeß zulassend. Versteht ihr?

Zuhörer: Ja.

Ramtha: Nun, euer Mastdarm wurde nicht für den Geschlechtsverkehr geschaffen. Euer Samen wurde nicht erschaffen, um in Servietten oder Tüchern ergossen zu werden. Solange ihr ihn bei euch haltet, ist er *Kraft.* Eure Brüste waren nicht erschaffen, um damit zu proklamieren, daß ihr eine Frau seid. Sie wurden erschaffen, um Kinder hinein ins Leben zu nähren.

Ihr Frauen, wenn ihr "herumschlaft", werdet ihr sterben, weil euch die Epidemie unweigerlich erreichen wird. Männer, wenn ihr eure "Erfolge" zählt, werdet ihr sterben, weil ihr eure Kraft an eine Illusion weggebt.

Ruft euch eure Tugend zurück. Habt Achtung für euren Samen und euren Schoß. Wenn ihr keine Gewalt erfahren wollt, phantasiert nicht über sie, schaut sie euch nicht an und lest nicht darüber. Dies heißt "hinter sich lassen". Und dies heißt, euch selbst zu lieben.

Wußtet ihr, daß es eine Polarität braucht, um Krieg zu haben? Es gibt keinen Krieg, wenn man euch beschuldigt, im Unrecht zu sein, und ihr würdet ihnen ihre Beschuldigung *erlauben*, denn es gäbe keine Reaktion. "Laßt hinter euch" und laßt zu. Das heißt ein Meister zu sein.

Bin ich ein Moralist? Ich bin Gott! Ich bin nicht "moralisch". Das würde bedeuten, ich wäre "unmoralisch". Ich bin weder das eine, noch das andere. Es ist in Ordnung, auf euren Weg zurückzuschauen und ihn als "ganz in Ordung" zu betrachten, denn das erlaubt ihm, zu Weisheit zu werden. Es ist aber die Stunde, *voran* zu schreiten mit dem Erwachen. Wenn ihr aufwacht, wachen eure Seelengefährten auf. Wenn ihr an eurer Tugend festhaltet, fordern sie die ihre zurück. Das ist eine natürliche Reaktion. Und wenn ihr euch selbst gereinigt habt, werdet ihr bereit sein, ein großes, großes göttliches Ereignis zu sehen. Versteht ihr?

Zuhörer: Ja.

Ramtha: Wenn ihr euren Seelengefährten wollt, weil ihr wollt, daß er euch euer Glücklichsein bringt, wird es nicht geschehen. Denn das bedeutet *wieder,* etwas außerhalb von euch selbst zu suchen, um euer Leben zu verbessern . Der Seelengefährten-Epilog ist eine natürliche Reaktion auf das Finden Gottes im Innern und auf ein edel und tugendsam geführtes Leben, so daß jeder Morgen Bedeutung hat. Und vielleicht werdet ihr eines Tages jener herrlichen Pflanze begegnen, die sich um sich selbst wickelt und den Tau sammelt, der einen kleinen Teich bildet. Und wenn ihr lange genug bleibt, könnt ihr vielleicht sogar den kleinen Frosch aus dem Teich hervorkommen sehen. Welch eine wundervolle Sache wäre es, diese Erfahrung zu machen. Welch eine Intelligenz!

Diese Zusammenkunft stellte das Bemühen dar, mittels Sprache, euch ein Gefühl bewußt zu machen. Wenn das Gefühl sich in euren Seelen einstellt, jubelt. Jubelt! Denn damit nehmt ihr die unaussprechbare Wahrheit für euch in Anspruch. Wenn aufrecht mit euch zu sprechen bei euch jene Ergebung bewirkt, daß ihr damit beginnt, euch wirklich selbst zu betrachten, dann war es das alles wert, nicht wahr? Und wenn ihr all eure Emotionen besitzt, werdet ihr leben, um viele Tagesanbrüche zu erleben, eine neue Zeit, ein neues Bewußtsein, eine große Erfahrung, für die es sich zu leben lohnt.

Nun, ich bin auf viele Zehen getreten - aber sie *brauchten* es. *(Blickt auf die betretenen Gesichter im Zuschauerraum)* Wißt ihr, es ist *alles* eine Illusion! Denn ihr könnt eure Meinung *in einem Augenblick* ändern, so daß das *ganze* Drama sich ändert. Wußtet ihr das? Ihr könnt eure Augen schließen und die Sonne aussperren. Ihr könnt, eure Nasen zustopfen und damit den Duft einer grandiosen Rose verpassen. Seht ihr, wie *mächtig* ihr seid? Es braucht keine Schar von Wundern, um das zu beweisen! Alles, was ihr tun müßt, ist *wollen.* Es gibt niemanden, der das *für* euch tun kann. Es liegt bei euch, es zu ersehnen. Wenn ihr nicht stark genug seid und Hilfe wollt, bin ich da. Wenn ihr diese Botschaft und diese Lehren *tausendmal* hören müßt, bis ihr sie besitzt, tut dies! Denn in jedem Augenblick, in dem ihr dies tut, werde ich nach und nach etwas von eurer Widerspenstigkeit abbröckeln. Wenn ihr zu dieser Zusammenkunft hier zurückkehrt, bedeutet das nicht, daß ihr Anhänger seid. (Ihr könnt nicht einmal dahingehen, wo ich hingehe! Wenn ihr das könntet, dann würdet ihr nicht hier sein, das ist einmal sicher.) Es bedeutet hingegen, daß ihr wissen wollt. Und was immer ihr dafür tun müßt, wie *weit* ihr auch reisen müßt, wie oft ihr auch wiederkommen müßt, tut es! Versteht ihr?

Zuhörer: Ja.

Ramtha: Wißt ihr, als jenes Spiel des Kriegführens für mich vorbei war, wollte meine Armee immer noch weitermachen. Wißt ihr, wie es ist, allein gegen zweieinhalb Millionen Menschen zu stehen? Aber ich stand nicht von meinem Felsen auf, als meine gesamte Armee in sicherer Entfernung hinter meinem Rücken redete. Ich saß dort sieben Jahre lang. Und die ganze Zeit über nannten sie mich schwach, ohne Rückgrat. Insgeheim *spiehen* sie auf mich. Sogar die Kinder liefen herum und verspotteten mich. *Meine* Armee tat *mir* das an - nach *allem,* was ich für sie getan hatte! *(Zuhörer lachen schallend)* Nun, das ist in Ordnung. Ich weiß, was es bedeutet, im gesellschaftlichen Bewußtsein zu leben; ich hatte mein eigenes. Ich *erzeugte* die Art wie sie dachten! Ich war der Barbar - und sie kamen nur mit auf den Ritt.

Ob ihr nun sieben Jahre oder hundert Jahre des Zulassens braucht, eines schönen Augenblicks werdet ihr es verstanden haben. Alles wird angehen. Kennt ihr den Ausdruck "Die Lichter gehen an"? Sie *werden* angehen - und zwar aus einer *natürlichen* Evolution heraus. Das Wissen wird sich auf natürliche Weise entwickeln. Nach und nach werdet ihr wachsen. Ihr werdet euch dabei wiederfinden, die Teile zusammenzusammeln. Ihr werdet euch dabei wiederfinden, daß ihr mehr und mehr euch selbst besitzt, und daß das Bedürfnis nach einem anderen, der euch glücklich machen soll, weniger und weniger wird. Nach und nach werdet ihr erkennen, daß ihr es seid. *Ihr seid es.* Ihr entwickelt euch zu einem *Ganzen,* und ihr werdet das Licht. Je mehr ihr "besitzt", umso machtvoller werdet ihr - aber nicht über *andere.* Wenn ihr eure Macht dafür mißbraucht, werde ich euch herunterbringen. Versteht ihr?

Zuhörer: Ja.

Ramtha: Dies war sicherlich ein ganz andersartiges Intensivseminar. Am heutigen Tage habe ich euch Dinge gelehrt, die ich euch zuvor noch nicht gelehrt habe, denn nun seid ihr bereit, ihr seid gewachsen. Und das kommt nicht von dem, was ihr heute gehört habt, sondern vielmehr davon, was ihr fühltet, denn das *Fühlen* ist ein großer Lehrer; es bedeutet: Ihr lehrt euch selbst.

(Geht hinüber zu der Abteilung der "alten Kenner") Ihr, diese wundervolle kleine Gruppe, ihr werdet verfeinert werden. Seit wir uns das letzte Mal trafen, habt ihr viele Gedanken, viele Emotionen, viele Fragen gehabt. Und einige von euch haben auf mich geschimpft. Das ist in Ordnung; ich liebe euch nach wie vor. Ihr beschimpft mich, weil das den Druck von euch nimmt. Aber ihr solltet dies hier nicht tun, weil Druck auf euch ausgeübt wird, das zu tun. Dies hier sollte ein "Wollen" sein. Ihr könnt immer innehalten, jederzeit, wenn ihr es *wollt.* Ihr könnt immer die Bremse ziehen, und steckenbleiben in der Zeit und in Dekadenz, so wie ihr es gewesen seid. Aber wenn ihr an diesen Lehren festhalten *wollt,* werdet ihr mit dem, was ihr lernt, geradewegs in die Ewigkeit hineingehen.

Ich *liebe* euch. Ich *segne* euch. Es braucht eine große Wesenheit, um zu diesen Zusammenkünften zu kommen, denn jene, die hierherkommen, sind bereit sich selbst ins Gesicht zu sehen. Ich werde euch eine Schar von Boten schicken, die Freude innehaben. Sie stellen eine Huldigung an etwas Herrliches dar. Erfolg werdet ihr haben, wie ihr ihn nie zuvor hattet. Brillanz wird vorhanden sein, von solchem Ausmaß, daß ihr glaubt, jeder besäße sie, weil sie für euch so leicht zu erreichen war. Diejenigen von euch, die darauf gewartet haben, die Tropfen des Wissens aufzufangen, um etwas mit ihnen anzufangen, ihr werdet *alles* erlangen, was ihr jemals gewünscht habt. Alles! Das ist der Segen für denjenigen, der ausdauernd ist.

Warum kommt ihr zurück zu meinen Zusammenkünften? Weil ihr Sadisten seid? *(Zuhörer lachen)* Ihr kommt hierher zurück, weil der Gott in euch *weiß,* daß er in einem Traum gelebt hat - denn warum solltet ihr leben wollen, wenn das Leben *ausschließlich* ein Kontinuum von Schmerz und Qual wäre? Der Gott in euch weiß, daß es mehr gibt als diesen Traum, und daß alles, was ihr zu tun braucht, aufzuwachen ist und eure Begrenzungen abzustreifen. Und was ist mit den Kosten? Wenn ihr alles Gold des Universums besäßet, und das der Preis für diese Lehren wäre, bezahlt ihn! Es ist viel bedeutender, das Wissen darüber zu besitzen, wie man es macht.

Die Boten, die ich euch schicke sind Ausdruck eurer selbst, weil ihr nicht in unbegrenzte Existenz eingehen könnt, ohne euch selbst zu kennen.

Was befindet sich auf der anderen Seite? Ein wildes Abenteuer, das jungfräulich ist; das wie jener Augenblick ist, als Seelengefährten völlig rein und tugendsam zum ersten Mal einander ansahen. Jenseits des gesellschaftlichen Bewußtseins liegt solch ein Bewußtsein. Es ist jungfräulich; es ist rein. Es ist zuhöchst entwickelt. Es ist in der Vorwärtsbewegung. Meine Boten kommen von jenem Ort. Ihr seid bereit, eine Weiterentwicklung zu machen, eine Vorwärtsbewegung, und somit kommen sie.

Es gibt Freude jenseits der Begrenzung. Wie gelangt ihr dorthin? Ich bin der Lehrer des "Wie". Sobald ihr dort ankommt, seid ihr auf euch alleine gestellt, und das ist eine wundervolle Sache.

Wißt ihr, was "rückfällig werden" bedeutet? Wenn ihr euch vor euch selbst drückt, werdet ihr in das zurückfallen, aus dem ihr herausgelangt seid - und zwar hundertfach. Wenn ihr aber vorwärtsschreitet, werdet ihr über den "Punkt ohne Wiederkehr" hinweggehen. Das ist es, wohin *ich* ging. Versteht ihr?

Es gibt jene unter euch, die es noch nicht verstanden haben. Das ist in Ordnung. Hiermit ist keine Zeitmessung verbunden. Ich stelle euch nicht einander in einem Wettrennen gegenüber; das tut ihr selbst. Dies aber ist eine Bewegung individueller Evolution. Individuell! Es ist äußerst unfair und urteilend, euch selbst mit anderen zu vergleichen, die scheinbar schon alles beieinander haben. Woher *wißt* ihr, daß sie das haben? Ihr seid *nicht* sie. Ihr - das läßt sich nicht vergleichen. Es gibt kein anderes “Du” mit demselben Geschlecht. Alles, was ihr also wißt, ist, wo *ihr* euch befindet. *Euer* Fortschritt begründet sich auf *eurem* Wollen. Versteht ihr?

Es gibt noch immer einige wenige unter euch, die geneigt sind zu denken: “Nichts funktioniert für mich.” So sei es. Das *wird* es niemals. Und das ist in Ordnung. Seid unglücklich; das ist eure Wahl. Ihr seid die Gebieter.

Ich liebe euch. Erinnert euch meiner, wenn ihr euch *wundervoll* fühlt.

(Blickt forschend auf die Zuhörer) Seid ihr müde?

Zuhörer: Nein.

Ramtha: Vorher mußte ich Antworten aus euch *herausziehen*. Habt ihr gelernt?

Zuhörer: Ja.

Ramtha: Habt ihr in der Tat *gefühlt?*

Zuhörer: Ja.

Ramtha: Werdet ihr sein, zulassen, in Freiheit lieben?

Zuhörer: Ja.

Ramtha: (lächelnd) Ah! Ich liebe Wesenheiten mit Überzeugung. Nun, ihr befindet euch in einer Zeit der sogenannten Evolutions-Eklipse: Die Natur macht eine Kehrtwendung und schreitet dennoch voran. Die Zeit bewegt sich sehr schnell. *Ich* bewege mich schnell! Wißt ihr, was ein Marsch ist? Es bedeutet, wenn eine Armee von Leuten in Bewegung ist. Das Aufprallen ihrer Schritte und der Hufschlag ihrer Schlachtrösser bringen die Erde zum Erbeben und jagen den Safranstaub wirbelnd in die Luft, so daß eine Illusion von Gold entsteht. Es gibt Wesenheiten, die sich beeilen, an dem Marsch teilzunehmen. Und doch gibt es auch andere, die nur zusehen. Und ehe sie noch jedes Gesicht, das gerade an ihnen vorbeimarschierte, ganz erfaßt haben, ist alles, was von der Armee übrigbleibt, der sich niederlassende Safranstaub und die Geräusche eines entfernten Trommlers irgendwo hinter dem Hügel weit, weit weg.

Das “neue Zeitalter” ist bereits hier. Es ist das Zeitalter des *In-*

Anspruch-Nehmens von Wissen - nicht des Verfolgens von Wissen - sondern des *Zulassens* davon. Und in jenem Zeitalter ist kein Raum für begrenzte Glaubensanschauungen. Wenn ihr zu meinen Zusammenkünften kommt, werde ich euch lehren, aber *ihr* seid der Gott. Wenn ihr darauf besteht, euren Geist verschlossen zu halten, eure Vorurteile, eure Urteilshaltung, euer Nicht-Lieben oder Nicht-Zulassen beizubehalten, werde ich euch zurücklassen.

Ich liebe euch. Sagt, was ihr wollt in Bezug auf das, was ich bin, aber buchstabiert meinen Namen richtig. *(Zuhörer lachen)* Es gibt nur einen Ramtha, und als was auch immer ihr mich wahrnehmt, ist unwichtig. Denn was immer ihr in mir seht, das seid ihr, denn alles ist einzig von *eurem* Punkt der Wahrnehmung aus eine Wirklichkeit.

Ihr seid zu dieser Zusammenkunft erschienen, um eine *ungebändigte* Wesenheit zu erleben, die niemand erklären kann. Hierher zu kommen bedeutete für euch ein erstes Ausstrecken eures begrenzten Geistes. Hierher zu kommen, und dafür zu *bezahlen*, streckte euch noch um ein Vielfaches weiter! *(Zuhörer sind erheitert und applaudieren)* Es ist eine *große* Wahrheit. Folglich habt ihr, allein durch euer Kommen, bereits damit begonnen, unbegrenzt zu werden. Diejenigen, die diese Lehren zu Herzen nehmen, werden bei Überragendem "landen", das versichere ich euch, denn es bedeutet Loslassen, es bedeutet Verändern, es bedeutet Voranschreiten.

Ich wünsche nicht, daß ihr mich jemals verehrt! Wenn ich das wollte, würde ich euch zeigen, was ich bin, und, seid versichert, ich würde euch einschüchtern. Aber alles was ich jetzt bin, ist ein kleiner Körper. Der Körper einer Frau mit der Essenz eines Mannes. Wenn ihr euch entwickelt habt und all das "besitzt", was ich "besaß", und ihr ein souveräner Gott geworden seid, dann werdet ihr sehen und wissen, wer ich bin.

Ich bin der Ram, ein grandioser Spiegel. Wenn ihr diese Zusammenkunft verlaßt, ist es mein Wunsch an euch, daß ihr euch selbst verehrt und Gott, der in euch ist. Und wohin geht ihr, um das zu tun? Wo ist euer Tempel? Direkt in euch. Der reinste Tempel Gottes, das seid ihr.

Morgen nach eurer Zeitrechnung werde ich euch weiteres Wissen in Bezug auf die spirituelle Wissenschaft der Seelengefährten vermitteln. Denkt daran: Macht kein Dogma aus dieser Wissenschaft. Benutzt sie nicht, um andere zu verleiten, euer Seelengefährte zu sein. Es ist unfair gegen euch selbst, das zu tun. Nützt diese Lehre nicht aus, klammert euch nicht an sie, noch laßt sie zu eurer Religion werden. Es gibt viele von euch, die für sich wundersame Gefährten haben. Wenn ihr nicht gelangweilt seid, bleibt dort. Denn wenn ihr loszieht, eure Seelengefährten *zu suchen,* steht euch "Wahnsinn" bevor. Versteht ihr?

Zuhörer: Ja.

Ramtha: Das ist alles für heute; ihr habt genug gehabt. Das "genug" war "schweres Geschütz". *(Zuhörer lachen in Übereinstimmung)* Geht, und denkt darüber nach, was ihr heute gefühlt habt. Sprecht zu dem Herrn-und-Gott eures Seins, und hört, was er euch zur Antwort gibt. Und ruht in dieser Nacht eurer Zeit. Ruht! Wißt ihr, was das heißt? Es heißt, daß ihr nicht notwendigerweise "Party-Kameraden" sein müßt. Um dieses Intensivseminar aufzunehmen, müßt ihr euren Körpern Ruhe gönnen. Gebt ihnen zu essen, badet sie, laßt sie ruhen, und seid einfach nur. Mit euren Träumen wird eine Ruhelosigkeit einhergehen, und dennoch wird es eine friedvolle Nacht sein, denn dieses Wissen kommt in eure Seele von dem Gott um euch herum und in euch; es wird alle Ebenen eures Bewußtseins durchdringen. So werdet ihr sogar noch in eurem Ruhezustand fortfahren zu lernen.

Wenn der Stundenschlag ins Tal hinausklingt, und der Schlag der Glocken der Zahl, die man neun nennt, entspricht, werde ich wieder mit euch zusammentreffen. So sei es! *(Zuhörer zollen freudig Beifall und applaudieren)*

Ihr seid all das wert! Ich liebe euch! Geht und seid glücklich. In der Tat? So sei es!

* * *

Sonntag, Morgensitzung
12. Januar 1986

Sobald die Teilnehmer der Veranstaltung ihre Plätze eingenommen haben, läßt Ramtha seinen Blick liebevoll über sie kreisen, geht von der Bühne herunter und mischt sich unter sie. Langsam bahnt er sich seinen Weg durch die Zuschauer hindurch und bleibt hier und dort stehen, um mit einzelnen Personen zu sprechen.

Ramtha: (Nachdem er vorsichtig durch die Menge geschritten ist, die auf dem Boden sitzt) Ihr seid also Fußbodensitzer. Das ist gut. Wenn auch der Teppich kein Perser ist, es ist “ebene Erde”. Wenn ihr etwas näher kommt, habt ihr anscheinend bessere Sicht, hm? Und wenn ihr bessere Sicht habt, glaubt ihr auch, besseres Verstehen zu erlangen. Gut, versucht euch hart am Wind zu halten.

(Geht ein paar Schritte und hält vor einer Frau inne) Du versuchst dein schönes Gesicht zu verstecken? Ich kann es nicht so gut sehen. Liebe Dame, du weißt nicht, wie schön du in Wirklichkeit bist. Aber ich versichere dir, du wirst es wissen.

(Wendet sich einem Mann zu) Schreiber, weißt du, wie man ein Gefühl beschreibt? Ich werde dafür sorgen, daß es dir klar wird.

(Geht hinüber zu einem Mann, schaut ihm für einen Moment tief in die Augen, geht zur Bühne, wo er eine Blume aus einer Vase zieht und geht zu dem Mann zurück, um ihm die Blume zu schenken) Einst gabst du meiner Tochter eine Blume. Nun gebe ich dir diese. Wenn ihre Farbe zu verblassen beginnt, nimm sie, und lege sie an einen sicheren Ort. Sie ist eine Kostbarkeit über jede Kostbarkeit hinaus. Wenn du dich alleine fühlst, nimm sie heraus, und schau sie an. Sie wird dich an deinen

"unbändigen" Ramtha erinnern.

(Der Mann versucht seine Dankbarkeit auszudrücken.) Worte können niemals eine Emotion einfangen; sie ringen mühsam darum, sie auszudrücken. Du, Meister, *bist* die Worte, die man "lebendige Emotion" nennt.

(Geht hinüber zu einer älteren Frau und bewundert ihr silbernes Haar) Es gibt jene, die solch schöne Strähnen silberner Heiterkeit verstecken. Ich bin erfreut, daß es noch immer jene gibt, die sie in erhabenem Glanz tragen.

Frau: Ich danke dir.

Ramtha: Und beachte, wie gut weiß zu allem paßt.

(Geht zu einer Frau hinüber, die dem Weinen nahe ist) Was könnte man sich möglicherweise ausdenken, liebe Dame, das einen so unglücklich machen könnte? *(Küßt ihr die Hände und drückt sie an seine Brust)* Weißt du, daß die Freude nur ein Erwachen entfernt ist? Ich werde es dir zeigen. So sei es!

(Wendet sich einem Mann zu) Du hörst der Lehre zu?

Mann: Ja.

Ramtha: Fühlst du die Lehre?

Mann: Ja.

Ramtha: Verstehst du, was ich sage?

Mann: Das *meiste* davon, ja.

Ramtha: Das ist eine redliche Antwort. Das, was ich bin, ist nicht vom äußeren Raum; ich bin vom innerem Raum. Das, was das ALLES-IN-ALLEM ist, Wesenheit, gibt der Menschheit keine Hoffnung, wenn es nicht inwendig ist. Wissen ist oft schmerzhaft, und doch kommt aus Schmerz Leben hervor. Wenn du anerkennst, wer und was du bist, kannst du die Barrieren, die dich aufhalten, durchbrechen - nicht mit Wahnsinn, sondern mit Anmut. Du hast eine Menge gelernt, Meister, und du bist es wert.

(Geht langsam ans Ende der Halle und hält vor einer Frau inne) Du lernst, liebe Dame. Du bist ins Feuer geworfen worden, du bist Realität und Illusion gegenübergestellt worden, du bist praktisch und unpraktisch gegenübergestellt worden, und du bist wie Stahl daraus hervorgekommen. Ich liebe dich, Meisterin, denn du bist standhaft. Es wird eine Stunde kommen, in der du ein großes Werk vollbringen wirst aus all dem, was du hier gelernt hast. Da gibt es diejenigen, die lange Gewänder

tragen und Gott auf dem Marktplatz verkünden, ihn aber nicht in ihren Seelen fühlen. Aus dir aber wird scheint alles, was in dir ist, hervor. Das ist die wahre Botschaft, die erhabenste Lehre. *(Küßt ihre Hände)* Ich liebe dich.

(Geht an mehreren Personen vorbei, nimmt sie zur Kenntnis und hält vor einer jungen Frau in einem schönen Kleid inne.) Seide! Ganz zauberhaft! Es ist wunderschön! *(Küßt ihre Hände)* Ich sehe, daß die Naturnymphe, die Angst vor dem Leben hatte, in die Blüte einer Frau hervorkommt. Es ist die letzte große Erfahrung. In der Tat!

(Geht zu einer alten Frau hinüber) Kleines Mädchen! Du bist das, was man eine Elfe nennt. *(Küßt ihr die Hände)* Es wird eine Stunde kommen, in der du in einen Spiegel schauen wirst und siehe! das Abbild wird sich verändern. In dem, was einem Licht gleicht, welches Perlfarben in seinem Wesen und seinem Schimmer ist, wirst du ein zartes Mädchen erblicken, das über eine Wiese von Geißblatt und blauen Glockenblumen gleitet. Und der Wind wird ihr Gewand aus Leinen erfassen und es um ihren zarten Körper wirbeln, sehr leicht. Und du wird sehen, daß ihr Gesicht einem Pfirsich gleicht mit der sanften Röte seiner Reife und Schönheit. Und dort, in den Pfirsich eingefaßt, wirst du zwei wundervolle Edelsteine sehen, von einer Farbe, der keine Farbe gleichkommt. Es sind die Augen eines Mädchens, wild und frei und unschuldig. Und siehe! du wirst mit großer Verwunderung auf die Frau blicken. Und wenn das Bild verblaßt, werden das Gesicht und, in der Tat, das Alter wieder erscheinen. Aber, ah! jene wundervollen Edelsteine! Sie haben dieselbe schöne und unergründliche Farbe.

Und du wirst sagen: “Es ist eine grandiose Erfahrung gewesen.”

Frau: Ich danke Dir.

Ramtha: Sei glücklich, daß du aus dem Bereich zügelloser Jugend bist.

(Kehrt zur Bühne zurück und beginnt seinen Vortrag) Ich grüße euch vom Herrn-und-Gott meines Seins aus. Das, was ihr seid, liebe ich in großem Maße.

Wenn eure Welt sich eine Masse der Menschheit vorstellen könnte, ungeachtet dessen, welche Masken sie tragen, die friedlich an einem Ort, der “Paradies” heißt, miteinander leben, einem Paradies von atemberaubenden Morgen und bezaubernden Nächten, würden solche wie ihr die Bewohner sein. Ihr seid eine Huldigung gegenüber eurem

Volk und, in der Tat, dem menschliche Drama. Seid über alle Maßen froh. Ihr habt euch selbst erlaubt, über das Alltägliche hinausgehoben zu werden. Und was ihr in diesem wunderbaren, erlauchten Körper gefühlt habt, wird von der *ganzen* Welt gefühlt.

Seht euch an. Ihr seid wundersame Wesenheiten, und ihr seid der Botschaft wert. Ihr fangt gerade erst an, über die Herrlichkeit, die ihr seid, nachzudenken. Ich sehe es; ihr fangt gerade erst an, sie zu fühlen. Wenn die Welt sein könnte, wie ihr seid, was für ein wunderbarer Ort würde sie sein. In der Tat?

Zuhörer: In der Tat.

Ramtha: (Nimmt sein Glas und bringt mit den Zuhörern einen Trinkspruch aus) Auf das, was Leben *zuläßt*. Auf das Leben! Für immer und immer und immer! So sei es!

Zuhörer: So sei es!

Ramtha: Ihr erweitert euren Horizont. Ihr gelangt zu großem Wissen. In der Tat, ihr seid an der Schwelle zum Werden.

Nun, ich sprach mit euch in Bezug auf das Reinigen eurer Handlungsweise - weil es *notwendig* ist, daß ihr das tut. Warum ist das wichtig? Nicht, um eure Seelengefährten zu finden, sondern um *zu leben*. Zu leben! Das Leben war nicht dazu vorgesehen, wild herumzulaufen und nach eurem Seelengefährten zu suchen. Wenn das die Absicht war, warum würde dann euer großer Gott sich überhaupt "herabgesetzt" (in seiner Energiefrequenz; Anm. d. Übers.) und geteilt haben? Ihr habt euch "herabgesetzt", um dieses Königreich zu erfahren. Denn *dies* war das *legendäre* Reich, nämlich die weitreichenden Bereiche des GEDANKENS, der sich manifestierte, ein Abenteuer hinein in den Selbst-Ausdruck. Ihr habt euch selbst "herabgesetzt", weil ihr danach verlangtet, den Duft der Rose zu riechen, in einer Wiese zu liegen, eure Hände in klares Wasser zu tauchen, mit den Händen in die Erde zu greifen und sie zu bestellen, eine Wurzel aus dem Boden zu ziehen und sie zu kosten, eine Mitternachtsbrise zu fühlen, und zu wissen, wie es ist, Wärme zu fühlen.

Als ihr das alles hier erschuft, war es, wie das Malen eines Bildes mit einer wundersamen Szene, und zwar so deutlich malend, daß die Tautropfen Leben gewannen. Und dennoch berührte eure Hand, wenn ihr versuchtet, die gemalten Tautropfen zu berühren, nur Leinwand.

Es gibt viele Künstler, die gerne dort leben würden, wovon sie malen.

Sie *wären* gerne, was sie malen. Das Gemälde ist nur ein Spiegel des sehnlichen Wunsches. Nun, eure Schöpfung glich einem Gemälde. Es war so, wie wenn man ein Meisterwerk erschafft, aber nicht das Meisterwerk *ist*. Euer Gott teilte sich also, um die Polarität des energetisierten Lebens zu werden, um die Struktur der Leinwand zu *werden,* um die Farbe und die Schattierung zu *sein*.

Seelengefährten haben sich auf das Rätsel, genannt Leben, eingelassen zum Zwecke des Ausdrucks, zum Zwecke der Erfahrung von uneingeschränkter Empfindung. Ihre Reise in die dreidimensionale Ebene erfolgte nicht zu dem Zweck, einander zu *finden*. Denn sie *waren* bereits einander. Ihr Wunsch und ihr Verlangen bestanden darin, die Erfahrung des Gemäldes zu machen und Teil von ihm zu sein. Als sie ihre getrennten Reisen antraten, *wußten* sie, daß sie immer in einem harmonischen Gleichgewicht von positiver/negativer elektrischer Energie verbunden waren, indem sie *dieselbe* Seelenquelle teilen und fühlen, dieselbe spirituelle-elektrische Kraft teilen und fühlen. Die Seele hat angeborenes *Wissen*, daß sie mit dem anderen teilt. Die Seele weiß; sie kennt sich selbst.

Wißt ihr, warum ihr euren Seelengefährten haben wollt? Weil ihr vergessen habt, *warum* ihr hier seid! Ihr habt eure Bewußtheit von dem, was Realität wirklich ist und was wirklich wichtig ist, zugeschüttet. Was *wichtig* ist, ist zu leben!

Wenn ihr aber blind werdet für die Farben eines Kolibri -

Wenn ihr so sauber sein müßt, daß ihr eure Finger nicht mehr in die Erde legt -

Wenn ihr so beschäftigt seid, daß ihr nicht vor Tagesanbruch aufstehen könnt, um das sich Fortsetzen des Sonnenaufgangs zu beobachten, oder um euch die Zeit zu nehmen, um am Abend trunken vom Duft des Geißblattes zu werden -

Wenn ihr diese Dinge nicht mehr tun könnt, und *alles,* was ihr tun wollt, ist, aus diesem Gemälde herauszukommen - *dann* wollt ihr einen Seelengefährten haben, jemanden, der euch glücklich macht und euer Leben vervollständigt. Aber es wird niemals vervollständigt sein, Meister, bevor ihr nicht das Leben erfahrt und umarmt - und zwar alles davon! Wenn ihr euch mit dem ewigen Fortdauern des Lebens befaßt, anstatt mit den banalen Illusionen, die ihr erschafft, entwickelt ihr euch auf natürliche Weise und schreitet voran hinein in die Ewigkeit. Aber ihr in euren Schachteln und euren unsicheren Welten, die ihr so sauber und ordentlich gemacht habt, ihr habt euch selbst vom Leben abgetrennt und emotionale Leere kreiert, daher sucht ihr nach jemandem, um die Leere auszufüllen. Es ist eure Unsicherheit, als vielmehr eure Liebe zum Selbst, die euch antreibt. Aber nur, wenn ihr euch selbst liebt, *ganz und gar*, seid ihr ganz und vollständig. Wußtet ihr das?

Der Zweck eures Hierseins ist einfach, um zu leben, denn ohne zu leben, könnt ihr nicht euren Zweck und eure Bestimmung in jedem Moment des Lebens erschaffen. Ergibt das Sinn?

Zuhörer: Ja.

Ramtha: Nun, es gab eine Wesenheit, die mich fragte, wo sein Seelengefährte sei, und ich sagte: "Vermont" (wo immer das ist). Also raste er umher, suchte jeden Winkel nach ihr ab, gab jeden Pfennig aus, den er hatte, ließ nicht *einen* Körper vorüberziehen, ohne ihn umzudrehen. Ich sah ihm zu, wie er da so herumrannte, und es machte mich herzlich lachen. Er kehrte bald zurück und sagte: "Oh, Meister, ich habe meine Seelengefährtin nicht gefunden. Vielleicht könntest Du mir eine genaue Adresse geben?"

"Was ist eine Adresse?"

"Nun, etwas, wohin jemand seine Korrespondenz hinbekommt."

"Ah! Korrespondenz. Du meinst, wo Boten hingeschickt werden."

"In der Tat."

So fischte ich also eine Nummer heraus und gab sie ihm. *(Zuhörer und Ramtha lachen)* Ich sagte euch schon, daß mir *nichts* zu hoch oder zu gering ist, um einen Punkt klarzumachen!

Nun, entlang des Weges sammelte er eine Menge Liebhaberinnen. Ihr wißt schon, ein Schäferstündchen im Heu und all das. Und *vor* der Vereinigung war er jeweils überzeugt, daß jede "Die Eine" sei. Ist es nicht wundervoll, wie die Rose ihre Röte verliert, nachdem die Energie eures ersten Siegels verausgabt wurde?

Seht ihr, er verstand die ganze Lehre nicht! Er *ist* seine Seelengefährtin. Er ist ständig mit ihr! Wenn er also nach Vermont geht, ist seine Seelengefährtin *selbstverständlich* dort!

Als er schließlich kein Geld mehr hatte und alles verkauft hatte, kam er wieder hierher und sagte: "Ramtha, es muß an etwas liegen, das ich tue."

"In der Tat, das stimmt. Es ist *alles,* was Du tust."

"Aber Ramtha, ich werde mich ohne diese Wesenheit niemals vollständig fühlen."

"Dann, Meister, ist das deine Bestimmung. Verlasse meine Zuhörerschaft."

Und das tat er. Und aus sicherer Entfernung beschimpfte er mich. Aber wißt ihr was? Er ist heute hier in dieser Zuhörerschaft.

Mann: Jaaa. *(Zuhörer lachen)*

Ramtha: Der "springende Punkt" ist, das Leben sollte nicht aus einem Prozeß des Suchens bestehen; es ist ein zulassendes Geschenk; Herumzulaufen und nach jemandem zu suchen, der eure Löcher abdichtet, nach jemandem zu suchen, der euren Tag leuchtender macht, bringt einfach nichts. Wenn ihr nicht die Morgensonne beobachten oder *ganz allein* wie eine Elfe unter den Sternen tanzen könnt, wird jemand anderer es auch nicht verbessern. Begreift ihr das?

Seelengefährten hatten es nie darauf abgesehen oder geplant, wieder zusammenzukommen, weil sie *wußten,* daß sie immer zusammen sein würden. Sie wußten, daß sie sich zum Ausdruck brachten, Erfahrungen sammelten, erschufen und miteinander teilten. Diese Wahrheit und dieses Wissen war zweieinhalb Millionen Jahre lang nach der Ankunft der Götter auf dieser Erde bekannt. Mit dem "Fall der Frauen" geriet es in Vergessenheit.

Wenn auch viele von euch hierhergekommen sind in dem verzweifelten Suchen danach, ihren Seelengefährten zu finden, wißt ihr, daß Suchen Versklavung und Begrenzung ist? Einen Seelengefährten *zuzulassen* ist unbegrenztes Leben. Versteht ihr? Es funktioniert folgendermaßen: Sobald ihr einmal *wißt,* daß solch ein Geschöpf sich irgendwo versteckt, (vielleicht in Vermont, vielleicht auf dem Mond) und ihr anfangt, eure Begrenzungen, die ihr über Lebenszeiten hinweg angehäuft habt, wegzuschälen, dann beginnt die Seele zu euch zu sprechen, auf emotionale Weise; das ist die Art, wie sie spricht. Das Wissen, das ich euch vermittle, setzt den Prozeß des Abschälens in Gang, so daß ihr anfangen könnt *zu leben.* Denn Leben ist das überragende Geschenk. Sobald ihr einmal anfangt, jede Begrenzung, die ihr euch auferlegt habt, zu entfernen, dann ruft ihr nach und nach eure Macht zurück und zieht euch näher an den Gefährten eures Seins heran. Versteht ihr?

Zuhörer: Ja.

Ramtha: Nun, das Zurückfordern eurer Macht. Es ist in Ordnung, andere um Rat zu fragen, solange euch bewußt ist, daß es *deren* Wahrheit ist. Wenn es euch hilft, eine Entscheidung zu treffen, so sei es. Aber versucht euch selbst *zuerst* zu fragen. Ihr habt nicht die Angewohnheit, dies zu tun, weil ihr gewohnt seid, nach den Richtlinien eines jeden anderen zu leben. Versucht euch selbst nach der Antwort zu fragen, und dann laßt zu, daß eure Seele zu euch spricht.

Ihr Frauen, es ist in Ordnung, daß ihr eure Gesichter anmalt. Es ist schön, und ihr seid allesamt Künstlerinnen. Und es ist ganz in Ordnung, daß ihr eure Parfüms tragt, obwohl ihr sie irgendwo gekauft habt und sie anderen Geschöpfen gehörten. Aber *für wen* tragt ihr sie? Duftet ihr gut für *euch* oder für jemand anderen? Nehmt ihr Gewicht ab, weil das jemand möchte? Wenn ihr in den Spiegel schaut und mögt, was ihr seht, warum wollt ihr es dann verändern? Wer hat ohnehin das Ideal erschaffen? Wißt ihr nicht, daß, wenn eine Hungersnot über euer Land hereinbricht, diejenigen, die dünn, dünn, dünn sind, als erste sterben werden? Sie werden keine vierzehn Tage durchhalten. Wißt ihr nicht, was Fett bedeutet? Es bedeutet all die extra guten Dinge, die ihr nicht wirklich brauchtet, als Vorrat zu speichern, damit ihr bei einer Hungersnot, oder wenn ihr um euer Leben laufen müßt, einen Vorrat zur Hand habt, von dem ihr zehren könnt. Euer Körper möchte für den Winter vorsorgen. Ihr aber wollt *einen* langen Sommer!

Euch dazu zu bringen *euch selbst* die Fragen zu stellen, euch dazu zu bringen *euch selbst* zu lieben, ist alles, worauf es ankommt; denn *das* ist derjenige, mit dem ihr leben und fühlen müßt. Wenn ihr beginnt, das zu tun, werdet ihr frei. Frei! Das erlaubt euch, aus eurer kleinen Schachtel auszubrechen und eure Vorstellungskraft und eure Gedanken auszudehnen. Stellt euch vor, euch keine Sorgen darüber machen zu müssen, wie ihr auf andere wirkt oder darüber, was sie über euch denken. Wenn das einmal aus eurer Denkhaltung verschwunden ist, und ihr frei davon seid, wißt ihr, wie ihr dann leben könnt? Glücklich. Glücklich! Denn dann werdet ihr nur die Dinge tun, die euch Freude bringen. Und jeden Augenblick, wo ihr das tut, teilt ihr es mit eurem anderen Selbst; es erhebt die Wesenheit.

Dieses Wissen, das ich euch vermittelt habe, reinigt euch, um ein neues Verständnis zu erlangen - daß ihr euren Seelengefährten weder besitzen, noch haben, noch mit ihm zusammensein müßt, um vollständig zu sein. Versteht ihr?

Zuhörer: Ja.

Ramtha: Nun, ich habe meine Zuhörer gelehrt, daß man mit seinem Seelengefährten auffahren muß. Das ist eine Wahrheit. Aber in dem Augenblick, in dem ihr auffahrt, sei es auch alleine, geschieht es mit dem Gefährten eures Seins. Denn das ewige IST ist ohne Zeit, Entfernung oder Raum. Es gibt *keine* Trennung . Alles geschieht *jetzt.*

Ihr seid ganz einfach schon ihr. Ihr seid eine ganze Wesenheit. Warum braucht ihr also immer noch all die Boten? Für die mühsame Aufgabe, euch in dieses Verstehen hineinzuentfalten. Für die mühselige Aufgabe, alle eure Ängste und Urteile zu demaskieren und zu entfernen, damit dieses einfache Verständnis hindurchdringen kann. Wenn die Boten erst einmal kommen und das Wissen beginnt, verstanden zu werden, dann werdet ihr beginnen, das Werden des unbegrenzten Selbst wahrzunehmen.

Diejenigen unter euch, die immer noch darauf versessen sind, dieses arme, klägliche Geschöpf zu finden, wißt, daß ihr mit leeren Händen sterben werdet.

Nun, Vollständigkeit. Ihr seid Teil eines anderen "Ihr", dessen Bestimmung das überragende Abenteuer ist, genannt "Leben" - es zu erforschen, aus ihm zu lernen und etwas daraus zu erlangen. Eure Seelen und euer Geist teilen miteinander. Ihr bewegt euch zusammen in Erfahrungen hinein und wieder aus ihnen heraus. Was ihr in diesem Augenblick fühlt, fühlt der andere. Was ihr heute an Verstehen und Offenbarung erkennt, erkennt der andere in hellseherischen Visionen; *Déjà-vu* (dt.: schon gesehen). Kennt ihr *Déjà-vu?* Es bedeutet, daß man nie zuvor an einem Ort gewesen ist und dennoch eine Vision davon gehabt hat. Wenn ihr die Pyramiden besucht und das Gefühl habt, schon einmal dort gewesen zu sein, ist es wahrscheinlich, daß ihr in einem vergangenen Leben dort gelebt habt. Aber laßt uns mal sagen, ihr hättet dieses Bauwerk in *diesem* Leben niemals gesehen, und ihr hättet dennoch vor fünf Jahren eine Vision davon gehabt. Und nun kommt ihr dorthin, und da steht es. Wer hat es vor fünf Jahren gesehen? Euer *Seelengefährte* war vor fünf Jahren hier. Begreift ihr? Das ist die Art und Weise, wie ihr Energie miteinander teilt. Ihr seid durch die Siegel verbunden, eure Seele (die eure Siegel steuert) und den Gott eurer beider Sein, der euch beide zusammenhält; es ist derselbe Gott.

Das Wissen um diese einfache Wissenschaft erlaubt euch, frei von

Unsicherheit zu sein. Wißt ihr, was das heißt? Das Gefühl, daß ihr unbedingt jemand *haben* müßt, um der Welt zu zeigen, daß ihr jemand *seid;* das Gefühl, daß es ein Verbrechen ist, alleine zu sein.

Wenn ihr euch eures Gefährten bewußt werdet, könnt ihr wundervolle Dinge tun. Ihr könnt ihm mit voller Absicht ein Gefühl schicken. So ungefähr wie: "Lieber John, tut mir leid, ich habe es heute abend nicht geschafft. Ich liebe Dich sowieso. Bleib in Verbindung." (Ich las das vor drei Tagen auf einem Schriftstück einer Wesenheit.) Ihr könnt mit eurem Gefährten durch *Gefühle* sprechen, und die Wesenheit bitten, mit euch ein Wissen zu teilen. Die Wesenheit wird jenes Gefühl auffangen, und wird vielleicht dazu angetrieben, zu einem bestimmten Ort zu gehen, weil das Gefühl sie dorthin zieht. Habt ihr jemals einen Antrieb dazu verspürt, etwas zu tun? Oft ist das so, weil euer Gefährte etwas wissen möchte. Und so geht ihr, macht die Erfahrung, und ihr sagt: "Jetzt weiß ich. Na und." Aber euer Gefährte sagt derweil: " Wunderbar! Ich *fühle* es! Und wenn ich es fühle, besitze ich die Weisheit daraus!"

Wenn ihr lernt, diese Wissenschaft anzuwenden, dann geschieht es, daß ihr und euer Seelengefährte beginnt, euch gegenseitig anzuziehen; ihr kommt zusammen zur Mitte an dem Punkt, der "Sein" heißt. Zu dem Zustand von IST, von Sein, zu gelangen, bedeutet die absolute Akzeptanz des ganzen Gottes mit dem gesamten Selbst.

Je mehr ihr euch eures anderen Selbst bewußt werdet, desto näher kommt ihr beide euch im Ausdruck; denn ihr tauscht Energieerfahrungen aus. Die Frau wird ihren Seelengefährten zu sich ziehen und sie wird sich in seine Seele hineinwagen, nach wie vor die Gesamtheit von dem besitzend, was sie ist, und sie wird die Eigenart des Mannes erfahren, die sie benötigt, um sich vollständig zu fühlen. Sie wird sich in seine Seele und seinen Geist hineinbegeben und die Gefühle aus seinen in seiner Seele aufgezeichneten Erfahrungen aufnehmen.

Ihr mögt eine sehr passive Frau sehen, die sehr mitfühlend ist, aber nicht stark. Jeden Augenblick kann sie ihren Seelengefährten fühlen, seine Seelenerfahrungen aufnehmen und Stärke gewinnen. Die Frau ist nach wie vor eine Frau, nach wie vor mitfühlend, nun aber stark, selbstsicherer und ausgeglichener. Versteht ihr?

Der Mann, der nicht weiß wie man weint, der in eingeschlossenen Emotionen lebt, der zornig ist, der verletzt ist und nicht weiß, wie er seine Gefühle befreien kann - wenn er diese Wissenschaft versteht, kann er sich näher zu seinem anderen Selbst heranbringen, das Weibliche seines Seins, und er kann in ihre Seele hineingehen und alles, was er selbst ist, mit sich zu führen. Er kann in ihren Geist und in ihre Seele hineingehen und kann anfangen, wie ein Kind zu weinen und vielleicht *tausend* Tränen vergießen. Jene Tränen werden siebeneinhalb Millionen Jahre unterdrückter Angst, Zorn, Verletzung und Verwirrung ausgleichen, die nie ausgedrückt werden durften - außer sexuell.

So geht er in die Frau hinein und findet die zarten Merkmale, das Zulassen, die Tränen, die *verbotenen* Tränen! Er fühlt ihre Seele und ihren Geist, welche ein lebenswichtiger Teil seiner selbst *sind,* und dann kehrt er in sein eigenes Umfeld zurück, erleichtert. Seine Seele hat ihre eingeschlossenen Emotionen vergossen, weil es ihr erlaubt wurde. Von all dem, was er siebeneinhalb Millionen Jahre verleugnet hatte, kann er nun sagen, daß er es besitzt. Er kehrt zurück als ein starker Mann, doch als einer, der auch zärtlich, sanft und ohne Gewalt ist, der bei einem Sonnenaufgang weinen kann, weil er mit Gefühlen, mit Verstehen beschenkt ist.

Es gibt viele Männer, die so sind, die man beschuldigt hat, "Seitenwechsler" zu sein. Sie sind *keine* Seitenwechsler; sie sind im *Einklang.* Wenn sie aufhören, auf die Banalität des gesellschaftlichen Bewußtseins zu hören, und lieben, wer sie sind, werden sie erkennen, daß sie vollständig sind. Vollständig!

Die Wissenschaft von Seelengefährten ist eine unaussprechbare Wahrheit, ein Abenteuer hinein in das Teilen von Gefühlen mit einem anderen, der man in Wirklichkeit selbst ist. Je mehr ihr in Gefühlen wißt, umso mehr weiß euer Seelengefährte, weil ihr das Wissen "durchlaßt". Dieses "Durchlassen", dieser Ausrichtungssprozeß kann in diesem Raum stattfinden, er kann, ungeachtet dessen wo der Gefährte eures Seins ist, stattfinden, weil er im Wissen stattfindet. Ihr empfangt die Gefühle davon, und ihr wißt es. Versteht ihr?

Zuhörer: Ja.

Ramtha: Nun, Seelengefährten verlieren oft ihr Begehren nach körperlicher Vereinigung mit ihrem ergänzenden Gegenstück, da sie die Erfahrung der Kopulation, die sexuelle Erfahrung, abgeschlossen haben. Infolgedessen erlauben sie der Kraft, sich vom ersten Siegel aus zu bewegen und ihren Weg durch alle Siegel in einem Aufwärtsfließen zu machen. Der Verlangen des Mannes, "bei Frauen zu liegen," ist nicht vorhanden, jedoch ist die Liebe vorhanden. Das Verlangen der Frau, "bei Männern zu liegen", ist verschwunden, doch sie liebt sie.

Die sexuelle Erfahrung gemeistert zu haben, erlaubt die Beendigung des menschlichen Dramas und erlaubt euch, durch das Öffnen aller Siegel, ein Christus zu werden. Ihr könnt nicht ein Christ werden, wenn ihr in einem Raster von sexuellen Vorurteilen und Blockaden steckt. Wenn ihr aufhört, in euren Lenden zu leben und damit beginnt, im Geiste zu leben, der Ganzheit eurer selbst, dem Gott eurer selbst, werden eure Urteile über Männer und Frauen aufhören, eure Liebe wird für alle gleich sein, und eure Freude wird größer und größer werden. Ihr könnt kein Christus werden, bevor ihr euch nicht beides, das Yin und das Yang, das Positive und Negative eures Seins, Mann und Frau, besitzt. Wenn ihr alles, was Gott ist, liebt und besitzt und annehmt, seid ihr vollständig; dann besitzt ihr die Macht eines erwachenden Christus. Dann seid ihr ein Meister geworden, der auf der Erde wandelt, der mit dem Königreich des Himmels ausgestattet ist.

Nun, es gibt *sehr, sehr* wenige Seelengefährten, die einander jemals im Physischen begegnen. Sie sind selten, selten, selten! Wenn sie sich begegnen, bevor sie ihre Blockaden gemeistert haben, ist die Gemeinschaft *explosiv,* weil jeder mit seinen ganzen Kleinlichkeiten auf einmal konfrontiert wird. Es ist, wie wenn man mit sich selbst einen Ringkampf macht. Und wie oft habt ihr euch selbst elend und unglücklich gemacht? Nun, multipliziert das einmal.

Jetzt wißt ihr, daß es sehr unwahrscheinlich ist, daß euer Ehemann, eure Ehefrau oder euer Liebhaber euer Seelengefährte ist. Ihr könnt *behaupten,* sie seien es. Wenn ihr euch damit besser fühlt, dann laßt euch nicht aufhalten. Das ist in Ordnung. Aber *ihr* seid der Gefährte eures Seins. Euer Seelengefährte bringt sich in einem anderen Geschlecht zum Ausdruck, aber er ist *in euch.* Die Augen eures Seelengefährten sind die Augen von *euch selbst.* Versteht ihr?

Zuhörer: Ja.

Ramtha: (Schaut mitfühlend auf die Zuhörer) Eine Menge weinender Frauen. *(Fegt sein Glas vom Tisch und bringt einen Trinkspruch aus)* Auf weniger gebrochene Herzen!

Zuhörer: (Beginnen zu lachen) Auf weniger gebrochene Herzen!

Ramtha: (Lacht mit ihnen) Ich liebe euch, ihr bunte Schar!

Nun, erinnert ihr euch an den Pfad der Freude? Es ist *euer* Pfad. Es liegt bei *euch*, euch glücklich zu machen, weil ihr der Empfänger von einzig und allein der Freude seid, die *ihr* herbeigeführt habt. Folglich ist es eine Begrenzung, mit jemand anderem eingeschlossen sein zu wollen, wenn es euch keine Freude bringt. Wenn ihr verheiratet seid, und die Wesenheit, mit der ihr (euer Leben; Einf. d. Übers.) teilt, bringt euch Freude, dann bleibt dabei, denn Freude ist der Pfad, der euch zum Verständnis von Seelengefährten führt und die Tür zum Christus öffnet.

Wundervolles Wissen wurde euch in diesen Tagen vermittelt. Wissen, das niemals zuvor auf dieser Ebene gelehrt wurde. Es gibt einige von euch, die es ablehnen werden. Das ist in Ordnung. Aber es wird eine Stunde kommen, wo ihr euch an alles, was hier gesagt wurde, zu erinnern sucht, weil es dann wird *lebenswichtig* geworden sein wird.

(Zu den "alten" Kennern) Euch hier drüben möchte ich eine Frage stellen, und ich möchte, daß ihr sie überdenkt: Wenn ihr jemanden anseht und eure Sichtweise beinhaltet zwei Wahlmöglichkeiten: sie als ekelhaft zu sehen oder sie als Gott zu sehen; und wenn es für jede Sichtweise eine Belohnung gäbe, mit der Belohnung dafür, sie als ekelhaft zu sehen, daß *ihr* ekelhaft werdet, und mit dem Lohn dafür, sie als Gott zu sehen, daß ihr Gott werdet - *welche würdet ihr wählen?*

In jedem Augenblick, wo ihr jemanden als etwas anderes seht als "ist", habt ihr *euch selbst* gerichtet, habt ihr euch geschmälert. *Wer* ist es wert, daß ihr über ihn *euch selbst* verliert? Habt ihr es jemals auf diese Weise betrachtet? Wer ist das *wert?* In jedem Augenblick, wo ihr es euch zur Aufgabe macht, die Schwächen von jemandem zu sehen und euch hitzig darüber auszulassen, verliert ihr euch selbst, verliert ihr eure Macht, denn was immer ihr in anderen seht, ist die Wahrnehmung von euch selbst. Sie sind nur ein Spiegel, der euch reflektiert.

Wenn ich noch einmal mein altes Selbst wäre und ihr meine Feinde, brauchte es nur eine Brise, um euch "niederzumachen", denn ihr redet mit gespaltenen Zungen. Aber wißt, daß ihr euch in euren eigenen Schlingen fangt, wenn ihr das tut. *Hört* ihr mich?

"Alte Kenner": Ja.

Ramtha: Erinnert ihr euch daran, daß ich sagte, ich würde euch eure Urteile hundertfach zurückschicken? Nun, wartet's ab! Ihr werdet all eure Urteile zurückbekommen. Erfreut euch an allen!

Nun, das heißt nicht, daß ich euch nicht liebe. Ich tue es und werde es immer tun. Eines Tages werdet ihr wahrhaftig erkennen, daß ihr es wert seid. Es ist irgendwie wunderbar, wenn ihr überlegt, daß so jemand wie ich, zu euresgleichen kommt und eine große Sache aus eurem Leben macht. Nun, ihr *seid* es wert - *wenn* ihr aufwacht. Schlafend seid ihr drückende Bürde, schwere Brocken. Aber das ist in Ordnung; es werden überragendere Tage kommen, an denen ihr aus eurem Traum erwacht. Segnet die Boten, wenn sie kommen. Liebt die Wiederspiegelungen, die ihr seht; sie helfen, das Licht aufzupolieren. Wenn jemand euch auf die Wange schlägt, sagt ihm, auf die andere fester zu schlagen. *Was auch immer* es für euch braucht aufzuwachen, *laßt es geschehen!*

Ich bin ein resoluter Lehrer, das ist gewiß! Aber ich liebe euch, wie kein anderer euch liebt. Wenn ihr aufwacht, dann übernehmt *ihr*. Versteht ihr? So sei es.

"Alte Kenner" : So sei es.

Ramtha: (Geht zurück zu den Neuankömmlingen und wendet sich an sie) Seid ihr nicht froh, daß ihr nicht zu der fortgeschrittenen Klasse zählt? Da *ist* etwas, das für Unwissenheit spricht.

(Die gesamte Zuhörerschaft ansprechend) Ihr seid reif, reif. Wissen bringt viele Gaben mit sich. Ihr seid reif, sie alle zu empfangen.

Nun, was ist nun mit euch Wesenheiten, die ihr weiterhin darauf bestehen, unglücklich zu sein? Es ist *euer* Problem, und ihr *könnt* es ändern - wenn ihr das *wollt*. Ihr seid dafür ausgerüstet, aus diesem Leben herauszuholen, was ihr wollt. Alles, was ihr wollt, könnt ihr manifestieren, indem ihr es vom Herrn-und-Gott eures Seine aus wünscht und dann zulaßt, daß es geschieht. Es zulaßt! Wißt ihr, was "zulassen" bedeutet? Ihr sitzt nicht da und sagt: "Es hätte um 3:30 Uhr hier sein sollen!" Die Manifestation wird niemals eintreten, wenn ihr sie zeitlich begrenzt, weil Zeit eine Illusion ist. Wißt einfach und laßt zu.

Nun möchte ich euch eine überragende Lehre über Manifestationen geben, besonders über jene, die materielle Werte betreffen.

Habt ihr euch jemals etwas ganz stark gewünscht, aber als ihr es bekamt, fandet ihr, daß es gar keine so tolle Sache war? Der Grund dafür, daß materielle Dinge überhaupt erschaffen werden, ist, euch davon eine Gefühlserfahrung zu vermitteln. Was während eures Wünschens und Träumens und darüber Phantasierens geschah, ist, daß ihr die Realität dieses Gefühls *direkt in eurem Innern* erschuft. Wenn ihr es also bekamt, war es nicht mehr so erfüllend wie ihr gedacht hattet - weil ihr *bereits* das Gefühl erhalten hattet, dessen Erfahrung ihr machen wolltet.

Ein Meister überwindet jede Begrenzung, die er hat, indem er sie sich eingesteht - indem er den Gedanken akzeptiert, das Gefühl davon umarmt und die Emotion durchlebt. Dann besitzt er sie; er besitzt die Weisheit. Sobald er einmal alle seine Begrenzungen besitzt, gibt es in seinem Leben keine Knöpfe mehr, die ihn immer wieder in ein begrenztes Bewußtsein zurückbringen. Bald erreicht er die "Tür ohne Wiederkehr", weil er unfehlbar glücklich geworden ist, Wenn er das einmal geworden ist und sich "im vollem Wissen von" befindet, kann er niemals wieder in den Sumpf und Morast des gesellschaftlichen Bewußtseins zurückkehren. Warum? Weil es nicht länger *existiert.*

Wenn ihr einen Wunsch vom Herrn-und-Gott eures Seins aus hervorruft, werdet ihr eingetaucht in das *Gefühl* eures Wunsches, welches erlaubt, daß die Manifestation sich ereignet. Erst wenn ihr feststellt, daß ihr das Gefühl aus der Manifestation besitzen könnt, ohne es in Materie erfahren zu müssen, werdet ihr all die Dinge erhalten, die ihr euch je gewünscht habt.

Ihr alle habt die Macht, jeden Wunsch, den ihr habt, zu manifestieren. Ihr seid reichlich ausgestattet mit jener Macht. Auch ist eurem Wesen angeboren, die Antwort auf jede Frage, die ihr stellt, zu wissen. Alles, was ihr dafür zu tun habt, ist, *euch* zu fragen. Das Wissen, das kommen wird, wird es euch erlauben, aufzuwachen und euch einzustimmen, wenn ihr so wollt, auf überragendere Gedanken; das ist es, was euer Gehirn mehr und mehr öffnen wird.

Fragt euch selbst, den Gott in euch, und er wird euch die Boten schicken. Er wird manifestiern, was immer nötig ist, um euch die Antwort *emotional* zu geben. Je mehr ihr euch selbst fragt, desto größer wird der vibrierende Gott in eurem Innern.

Nun, ihr habt von der "Wiederkunft des Christus" gehört, die prophezeit wurde. Nun, es ist eine *wahre* Prophezeiung. Es handelt sich aber nicht um die Rückkehr von Yeshua ben Joseph (Jesus Christus). Die Wiederkehr des Christus ist, wenn der Christus in *allen Menschen* verwirklicht ist. Es ist die Macht in euch, die aufwacht. Das Wissen, das ich euch in diesen Tagen vermittelt habe, ist das Wissen des Christus. Es ist das Verstehen, das öffent, das zuläßt, das euch aufweckt.

Es wird sich ein großer Kampf ereignen, bevor der Christus völlig in euch auferstanden ist. Er nennt sich Armageddon. Habt ihr von dem Begriff gehört? Armageddon ist die Schlacht zwischen dem Gott eures Seins und eurem veränderten Ego. Und es ist ein *mächtiger* Kampf! Es handelt sich dabei nicht um einen physischen Krieg der Waffen. Dieser Kampf findet in eurem Innern statt. Es ist ein Kampf, in dem der Christus hervorkommt und siegreich ist. Wenn euer verändertes Ego aushielte, würdet ihr mit Gewißheit in diese Kampf sterben. Es wäre aber nur der Tod der *physischen* Verkörperung.

Die Wiederkunft des Christus ist auf dieser Ebene gewiß. Wenige wissen das, weil die meisten noch in ihren Dogmen und ihren kleinen Schachteln des gesellschaftlichen Bewußtseins verfangen sind.

Armageddon ist das "göttliche Feuer" des Werdens dessen, wovon ich gesprochen habe, und ihr alle werdet das in der Tat dort durchmachen. Es ist ein Kampf mit dem "Selbst": ihr werdet euch selbst erobern, auf überragende Weise. Der Christus kommt hervor, und das Gehirn öffnet sich. Dann wird das Versprechen vom Utopia des ewigen Lebens existent sein. Nun, ewiges Leben bedeutet *nicht* Reinkarnation; das ist Wiederholung. Ewiges Leben ist im ewigen Jetzt zu leben; das ist es, was es bedeutet.

Ihr alle habt eine Menge Abschälen vorzunehmen. Jetzt, da ihr wißt, daß ihr und euer Seelengefährte Gefühle aus euren Seelen austauschen könnt, um Weisheit zu erlangen, könnt ihr dieses Verständnis in eurem Prozeß des Abschälens benutzen, damit der Christus hervorkommen kann.

Das was ich euch in dieser Veranstaltung gegeben habe ist keine furchterregende Lehre. Diejenigen, die darüber den Verstand verlieren, haben Wörter aus dem Zusammenhang herausgenommen, weil sie inwendig zusammengebrochen sind. Sie leben in Furcht. Sie leben in der Urteilshaltung, dergemäß sie recht haben und jeder andere unrecht. Also werden sie natürlich geisteskrank. Nun, sie *benötigen* es sich auszuruhen, aber sie werden erneut leben.

Wenn ihr die Weite dieser Lehre betrachtet, werdet ihr begreifen, daß ihr nichts anders zu machen braucht, als ihr es jetzt tut, außer vollständig zu lieben, was ihr seid, und euren Träumen zu erlauben, zu euch zu kommen. In der Tat, das natürliche Abschälen eines erwachenden Christus wird euch vom veränderten Ego in das Superbewußtsein bringen. In diesem Prozeß werdet ihr euch dabei wiederfinden, Dinge tun zu wollen, an die ihr nie zuvor gedacht habt, weil eure Göttlichkeit in euch im Begriff ist zu erwachen, und sie hebt euch aus einem Leben des verschlossenen Geistes heraus.

Wußtet ihr, daß zwei Drittel eures Gehirns schlafen? Was denkt ihr, wofür sie da sind? Um den Raum auszufüllen und mehr Platz für euer Haar zu bieten? Sie *warten* darauf aufzuwachen! Bewußtsein, das die Einkapselung des IST darstellt, ist die große Grenze; es stellt das Abenteuer dar. Zulassen, Lieben und Abschälen sind das, was dem schlafenden Geist erlaubt aufzuwachen. Dann befindet ihr euch im Superbewußtsein. Das steht diesem Planeten unmittelbar bevor. Das ist Utopia. Es ist die Wiese, der Wald, der See, der Garten der Natur. Die Natur bereitet den Platz vor für diejenigen, die sich selbst erhalten.

Wenn ihr alles wißt, was ich euch gelehrt habe, werdet ihr eine furchtlose Wesenheit sein. Wenn ihr alles wißt, was ich euch gelehrt habe, werdet ihr alles "besitzen", und ihr *werdet* glücklich sein.

Ihr wollt wissen? Fragt euch selbst. Ihr wollt Schönheit finden? Geht, und schaut in den Spiegel. Ihr wollt leben? Beobachtet den Tagesanbruch. Einfach. So sei es.

Zuhörer: So sei es.

Ramtha: Ich habe euch alles gelehrt, was es zu lehren gibt. Ihr habt Aufnahmekapazität erreicht. Diese Lehren sind nun bereit, gelebt zu werden, manifestiert zu werden, ein Abenteuer zu werden. Was immer ich über diesen Punkt hinaus sage, ist, in der Tat, Wiederholung. Die Stunde wird kommen, da ihr zu meiner Zusammenkunft zurückkommen werdet, und ihr für mehr bereit sein werdet - und ihr werdet es bekommen bis die Stunde kommt, da euer ganzes Gehirn geöffnet ist, weil ihr liebt, was ihr seid, und zwar ganz und gar. Dann seid ihr "Gott-Mensch verwirklicht". Dann gibt es keinen Unterschied mehr zwischen uns. Begreift ihr? So sei es.

Zuhörer: So sei es.

Ramtha: Ich liebe euch in großem Maße. Ich bin der Ram, die unbändige Wesenheit. Einst lebte ich auf eurem Planeten und war der größte Bastard von allen. Ich suchte nach dem Unbekannten Gott mit Wachsamkeit, Eifer und Geduld. Und ich bin wieder hier, um zu berichten: *Es funktionierte!*

(Zuhörer jubelnd applaudierend) In der Tat!

Geht und seid, seid, seid, seid! Eßt, sitzt, ruht, redet - aber *seid!* Liebt einander. Denn, was immer ihr im anderen seht, seid ihr. Und wenn die Stunde zwei schlägt, kommt zu einem süßen Lebewohl hierher zurück. Ich habe euch alles gegeben, was ihr aufnehmen könnt. In der Tat! So sei es.

Zuhörer: So sei es.

Ramtha: Ihr werdet in eurem *Sein* tief geliebt. Das ist alles.

* * *

Sonntag, Nachmittagssitzung 12. Januar 1986

Ramtha: In der Tat! Ich liebe euch!

Zuhörer: Ich liebe dich!

Ramtha: Es gibt wunderschöne und wundervolle Dinge, die auf der anderen Seite der Zeit existieren. Ich bin eines davon. Dort scheinen hundert Jahre wie ein Augenblick. Und es gibt Augenblicke, die hundert Jahre zu sein scheinen.

Ihr habt immer eine paradoxe Ansicht von dem gehabt, was jenseits von Zeit, jenseits von Entfernung liegt, jenseits des sich immer fortsetzenden Raumes und all seinen vielschichtigen Dimensionen. Ihr seid versessen auf die Möglichkeiten, aber sie sind auch furchterregend für euch. Nun, es *gibt* dort grandiose Dinge, die jenseits aller Maßstäbe liegen. Dort gibt es keinen Dämon, nichts Böses und keinen Horror, der dort vor sich geht. Jenes gibt es nur in eurer Geisteshaltung, aber das ist es, wo alles ist.

Um hier bei euch zu sein, bin ich aus einem großartigen Raum gekommen, der genau da ist, wo ihr seid, der aber "jenseits jenseits" liegt. Der Raum, aus dem ich komme, heißt Liebe. Nicht einmal Tod oder Dimensionen können euch davon trennen. Er ist der große unsterbliche Stoff, der das Leben webt.

Ihr habt diesen kleinen Körper, der jemandem von eurer Art gehört, beobachtet und ihm zugehört und von ihm gelernt. Diese Art und Weise ist wunderbar gewesen, weil es euch, mit eurer Einstellung von idealistischer Form, erlaubt hat, ohne Furcht auf mich zu blicken und die Botschaft zu hören. Wäre das auf irgendeine andere Art gewesen, hätten die meisten von euch nicht zugehört, weil ihr euch vor dem fürchtet, was jenseits des Sichtbaren liegt.

Auf diese Art und Weise zu euch zu kommen, ist eine Art Wunder, ein Wunderwerk. Es gibt niemanden wie mich auf dieser eurer Ebene, noch wird es das jemals geben, denn es gibt nur wenige, die in das hineinreichen, was ich bin. Durch eben dieses Wunder habe ich eine überragende Darbietung von Kommunikation auf euch ausgeübt, die euren Geist öffnet, um euch zu erlauben, ein Abenteuer zu haben hinein in einen Ort, der spektakulär ist; und ihr werdet dahingehen.

Es war süß für dieses Wunderwerk, über das viel gemutmaßt wird, sich zu ereignen. Noch immer ist es ein Wunderwerk für die Familie meiner Tochter. Aber die Stunde wird kommen, da sogar sie anfangen werden zu sehen und zu wissen und zu "besitzen".

Ich bin euer unsichtbarer Engel. Ich bin der Wind auf hohen Gipfeln. Ich bin die sanfte Brise um Mitternacht. Ich höre euch, weil alles, was ihr in dem Kontinuum namens "Zeit", seid, nur ein Augenblick ist, und ich bin der Augenblick.

Ihr werdet euch für immer und immer an mich erinnern, denn was ihr dieser Tage hier gelernt habt, wird immer bei euch sein. Die Boten werden kommen, um euch an das zu erinnern was ihr manchmal gerne vergessen würdet. Sie werden das nicht zulassen. Und die Stunde wird mit Gewißheit kommen, daß ihr euch jenseits eurer ungeheuerlichen Begrenzungen befindet, die euch daran hindern, das Wunder, das LEBEN heißt, das Wunder, das LIEBE heißt, und die Brillanz, die GEIST heißt, an den Tag zu legen.

Eure Erde ist der Smaragd des Universums. Sie hängt in der Leere wie ein wunderschöner Edelstein. Sie ist die Schöpfung, die mit der Ewigkeit ausgestattet ist. Sie ist ein Abenteuer. Sie ist die Wohnstatt Gottes. Wünscht niemals, von ihr wegzulaufen, niemals. Denn sie ist das Abenteuer, das die Seele heilt. Nehmt nie einen Sonnenaufgang einfach als selbstverständlich hin. Beobachtet und belauscht die stille, aufeinanderfolgende, harmonische Bewegung des Lebens.

Sobald ihr jenseits aller Zeit, Entfernungen und Räume seid, jenseits der Integritäten, die ihr besessen habt, werdet ihr die Welt und alle ihre Komponenten besitzen, weil ihr sie *sein* werdet.

Der Winter erlaubt dem Land zu schlafen, sich zu regenerieren. Doch was in Schlaf fiel, was anscheinend kahl ist, ohne Frucht oder Blatt, wird im Frühling wieder zurückkehren.

Es gibt von euch jene in dieser Zuhörerschaft, die diese Ebene in Kürze verlassen werden. Ihr geht in euren Winter. Aber der Samen des Frühlings mit seinen Früchten und Honigblüten ist in der Seele, und ihr werdet wieder leben.

Es wird eine Stunde kommen, in der ihr ins Gleichgewicht gebracht seid mit all diesen Dingen des Lebens in ihrer natürlichen Evolution, und ihr werdet den Geist, genannt LEBEN, besitzen. Dann seid ihr wieder der König eures Herrschaftsbereichs. Und solltet ihr aufgrund eurer Vergeßlichkeit versäumen, die herrlichen Sommer und die Würze eurer Herbsttage zu sehen, wird es eine andere Gelegenheit dazu geben, denn ihr werdet erneut leben. Doch erlaubt euch, sie *jetzt* zu erleben. Liebt sie *jetzt.* Bedauert niemals, daß ihr nicht genug vom Leben erfahren hättet. Das hält euch lediglich in der Schachtel von Reinkarnation versklavt. Das bewirkt nur, daß ihr euch wie im Kreise dreht.

Lernt, in der Stille zu leben. Hört dem Wind zu! Fühlt ihn! Was erzählt er euch? Welche Düfte sind es, die er zu euch bringt?

Ohne die Erfahrung hier wäre ich nie der geworden, der ich bin. Ohne die Winter im Land, so hart sie auch waren, hätte ich mir nie den Frühling so sehr herbeigesehnt. Und es war Frühling, als ich eure Ebene verließ, denn ich hatte jeden Augenblick und jeden Tag und alle Jahreszeiten, wie sie kamen und gingen, gelebt. Ich *umarmte* das LEBEN, und ich wurde der Unbekannte Gott, der das LEBEN selbst *ist,* der immerwährende Unterstützer all eurer Verrücktheiten.

Ich liebe eure Ebene sehr. Und nichts soll *jemals* daherkommen, ihn zu zerstören. Liebt ihn und umarmt ihn ebenso.

Wie werdet ihr euch an mich erinnern? Durch die Boten? Nein. Wenn ihr die Pflanze findet, die, weil sie einsam ist, sich um sich selbst wickelt, um den Tau einzufangen und einen kleinen Teich zu formen, damit der kleine grüne Frosch darin leben kann - wenn ihr diese Pflanze findet, werdet ihr mich gesehen haben. Wenn ihr die Würze im Herbst riecht, werdet ihr meinen Geruch kennengelernt haben. Und das nächste Mal, wenn der Mond um Mitternacht zunehmend den Himmel überquert, öffnet eure Gardinen, und laßt das Licht hereinkommen. Wenn es sanft auf euch fällt, denkt an mich, denn ich bin das Licht des Mondes.

Viele meinen, daß sie das Wunder von dem, was ich bin, kennen. Sie kennen es nicht. Ich bin das, was über Erklärung hinausgeht, und seid überaus froh, daß ich das bin. Denn solange mich niemand ergründen kann, werde ich so wild und frei sein, um sicherzustellen, daß ihr seht, wohin ich ging. Versteht ihr?

Ich habe euch das gelehrt, was ihr zu lernen gekommen seid, und ihr habt mehr erhalten, als ihr erbeten hattet. Das ist eine Abmachung.

Ich liebe euch. Ich habe euch immer geliebt und werde euch immer lieben. So sei es! *(Er steht auf und geht vorne an die Bühne. Direkt vor der Bühne stehen Tische mit Hunderten von Gläsern, gefüllt mit rotem Wein und Apfelsaft.)*

Ihr habt eine Wahl. Dort ist die aufgefahrene Traube. (Ich habe eine Vorliebe für sie.) Und dort ist der aufgefahrene Apfel. (Süß, aber das reicht nicht ganz aus.)

Ich bat euch, das saure Wasser zur Reinigung zu trinken, und ihr habt es getrunken - auf alles! Der Wein repräsentiert das Auffahren des Körpers, des Verstandes (engl.: mind, bedeutet auch Geist, Seele) und des Geistes (engl.: spirit). Er bedeutet das Erkennen Gottes. Er ist ein würdiges Elixier.

Wir haben den Wein vorbereitet. Ich habe in seine Tiefen und seine Oberflächen geschaut, und es existiert dort der Zauber des Lebens. Ich gebe euch allen ein Handzeichen, in geformten Gruppen, jeweils zu zweit, nach vorne zu kommen und euer Glas abzuholen. Kehrt an euren Platz zurück, wenn ihr es abgeholt habt, und wartet, bis all eure Brüder das gleiche getan haben. Dann wollen wir einen *großen* Trinkspruch auf das Leben ausbringen. In der Tat?

Zuhörer: In der Tat!

Ramtha: Nun, Instruktionen: Die Meister, die euch herumkommandiert haben (Stab, der bei dem Intensivseminar assistiert) werden kommen und euch drängen, wenn ihr an der Reihe seid. Steht auf und tut, worum sie euch bitten. Und seid höflich und respektvoll zu denen, die ihren Wein in Empfang nehmen, und erlaubt dem Augenblick hundert Jahre zu sein. So sei es.

(Nachdem jeder seinen Wein genommen und sich hingesetzt hat, steht Ramtha auf, kommt nach vorne und erhebt sein Glas.)

Erhebt euch. *(Sieht durch seinen Wein hindurch ins Licht)* Es sind flüssige Rubine! Kein anderer Planet hat flüssige Rubine. Jetzt wißt ihr, warum ich zurückkomme.

(Beginnt den letzten Trinkspruch, und die Zuhörer wiederholen ihn)

Geliebter Vater,
das, was das ALLES-IN-ALLEM ist,
das ICH BIN, DAS ICH BIN,
das, was man LEBEN nennt,
bringe hervor in mir
die Vollständigkeit des ICH BIN.
Oh, geliebter Gefährte,
höre mich zu dieser Stunde,
damit das, was ich bin,
DAS sei, WAS IST.
Höre, Geist,
Höre, Seele:
LEBEN komm hervor.
Ich Bin!
Oh, Vater, der ist.
Oh, LEBEN für immer und immer
möge ich immer sein
für immer
und immer
und immer.
Auf das LEBEN!

(Hält mit dem Glas an den Lippen inne und trinkt den Zuhörern noch einmal zu) Nur zu! *(Trinkt schlürfend seinen Wein)* Ahhh! Gusto! *(Die Zuhörer rufen Beifall.)*

Es hatte vieles für sich, ein Barbar zu sein. Er brauchte nie Servietten oder Besteck oder feines Leinen oder einen Tisch. Gebt ihm ein Feuer, einen Bratspieß, einen Krug guten Weines und was immer auf dem Herd ist, und die Wesenheit wußte zu leben. Nun, ihr seid zu pingelig und fein dafür.

Geht und umarmt das Leben. Ihr habt viele Segnungen und viele Boten - die "Wunder des Wissens" - die ich euch schicken werde. Seid glücklich. Denn Freude ist das Einzige, das der Vater, der das fortwährende Leben ist, für euch ersehnt. Seid voller Freude. Seid, laßt zu, und erinnert euch. So sei es!

Zuhörer: So sei es!

Ramtha: Ich liebe euch. Ich werde viele von euch in der Wüste oder in den Bergen sehen, und wir werden dort eine wundervolle Stunde verbringen. Und solltet ihr mich dort nicht finden, werde ich auf dem Wind sein. So sei es!

* * *

Anhang

Duvall-Debra

Die Geschichte von den ersten Göttern, die Mann und Frau auf Terra wurden.

Ich bin Ramtha der Erleuchtete, in der Tat, Diener dessen, den man GOTT den Allmächtigen nennt, des geliebten Vaters, des Mutter-Vater-Prinzips, der QUELLE, des URGRUNDS, der KRAFT, des ELEMENTS, des GÖTTLICHEN GEISTES.

Ich bin Ramtha der Erleuchtete, Diener des Christus, des höchsten Herrschers, des höchsten Schöpfers, des höchsten Gesetzgebers.

Ich bin Ramtha der Erleuchtete, euer Diener, meine höchst erlauchten Brüder. Denn wer *seid* ihr? Ihr seid der Vater, der sich selbst mit dem Gedanken befruchtete und wurde. Im Werden brachte er euch alle hervor.

Ihr alle, in der Tat, die ihr mit solch feuriger Hingabe wissen wollt, wer ihr seid, ihr seid die Kraft aus der KRAFT; ihr seid das Licht-Prinzip, welches das Prinzip *erschuf;* ihr seid die Gesetzgeber, die das Gesetz *wurden.* Ihr in die Wirklichkeit gehauchter Geist. Damit wurdet ihr zu den Söhnen des Vaters, des sich bewegenden, zwingenden Elements des GEDANKENS.

Nun, was ist es, in der Tat, das begann, Getrenntheit in euch zu erschaffen? Ich werde euch helfen, besser zu verstehen.

Als die feuchte Hülle, die wässrige Hülle, die Ebene "Terra" umlagerte und umfing, kamen dort aus dem, was "Atrium der Konstanten" genannt wird, nämlich der elemente-verstehenden Daseinsebene, ein übriggebliebener Teil der kriegerischen Götter der Ebene "Melina" in großer Aufregung herein. Dort, im "Atrium der Konstanten" hatten sie gewartet, um sich zu entwickeln und sich in die Verköperungen herabzulassen, die sie erschaffen hatten.

Wie ein starker Wind kommend, blies-s-s-s-s-sen sie ihre Inbrunst über all die Länder und Meere. Und der große Baum sah nach oben und begann, sich vor der Schönheit seiner Schöpfers zu verbeugen und zu verneigen.

Der "Wind" teilte sich und wurde ein nördlicher und ein südlicher und ein östlicher und ein westlicher, zu dem Zweck, daß sie ihr Flüstern von Energie über diese ganze Ebene tragen könnten zu Orten, an denen sich Gruppen von Göttern in ihren "besiedelten Selbst" oder "Herrenhäusern" zusammenfinden konnten, um den menschlichen Geist voranzubringen.

Alle Götter kamen zur gleichen Zeit, außer einer Gruppe. Diese eine Gruppe, die im "Atrium der Konstanten" verblieb, wollten später als die zukünftigen Kinder ihrer Vorläufer nachfolgen.

Unmittelbar als die Götter auf diese Ebene zu ihren auserwählten Gebieten kamen, siehe da: Da sie sich selbst zu manifestieren begannen, indem sie ihre herrlichen Selbst herabsetzten (in ihrer Schwingung; Anm. d. Übers.) und teilten, wurden sie zu strahlenden Lichtern über dem Land, heller als eure Mittagssonne. (In euren alten historischen Sammlungen sind Religionen aufgeführt, die das Kommen eines strahlenden Volkes verehrten. Das waren sie selbst! In zukünftigen Leben sollten sie sich selbst verehren und ihre eigene Geschichte niederschreiben.)

Als die Götter durch Kontemplation begannen, ihre Schwingungen vom herrlichen Gedanken-Licht herabzusetzen, wurden sie alle schattenhaft in Masse; und dem letzten Verständnis nach wurden sie zu Masse ... sie wurden schwer, schwer, schwer auf dieser Ebene des dreidimensionalen Verständnisses.

Auf welcher kontinentalen Ebene auch immer (oder Land, wie ihr es nennt) sie Form in der Schwere der körperlichen Bewegung annahmen, sie begannen sogleich, sich auf das von ihnen selbst erschaffene sogenannte umweltliche Zuhause einzustimmen. Auf diese Weise entstanden gleichzeitig die fünf großen "Rassen", wie ihr sie nennt, die sich in der Hautfarbe unterschieden, um es ihnen zu ermöglichen, auf dem zu leben und zu überleben, was sie erschaffen hatten.

In einem Land auf Terra begann das erste Leben eines Mannes und einer Frau, die erste Existenz *eines* Gottes, der sein ganzes schöpferisches Selbst (in seiner Schwingung; Einf. d. Übers.) herabsetzte und sich selbst in Zwei teilte, damit er das Abenteuer der Menschheit erfahren konnte. Ich werde euch einen Namen sagen. Der Namen existierte und existiert noch immer, sogar bis zu dieser Stunde. (Die Wesenheiten, über die ich sprechen werde, sind nur zwei aus einer vielschichtigen Menge von Wesenheiten, die zu jener Zeit auf diesen Planeten kamen.) Der Name der einen Wesenheit lautete Duvall-Debra Badu. Die beiden Namen benennen die Einheit des einen, während "Badu" "Gott-Essenz von" bedeutet.

Duvall-Debra war männlichen Geschlechts, was ihr in eurem wissenschaftlichen Verständnis eine positive elektrische Ladung nennt. Sein Körper besaß das, was Erektionsstab heißt und die Gewähr des Samens, der in seinen Hoden lag.

Durch denselben Gott geschaffen war Debra-Duvall, die das war, was man als "womb-man" (dt.: Schoß-Mensch) nennt, was bedeutet: der Mensch mit einem Mutterleib, oder "woman" (dt.: Frau). Der Schoß enthielt keinen Samen; stattdessen hatte er das, was Ei genannt wird, auf das der Samen, der Schatz in den Lenden eines Mannes, auftreffen würde.

Debra-Duvall war und ist die ausdrückliche Seelengefährtin der Wesenheit Duvall-Debra. Sie war, wie ihr es in eurem wissenschaftlichen Verständnis formuliert, eine negative elektrische Ladung. In ihrer Schöpfung war sie nicht *geringer als* Duvall-Debra, sondern sie war die *vervollkommnete* Ausweitung von ihm, um die Ausübung der Kopulation für das Fortschreiten der menschlichen Gattung zu gestatten. Denn ein Gott kann nur dann eine Verkörperung für einen anderen Gott "säen", wenn er sich teilt, um beides, positive und negative elektrische Ladung zu werden.

Das Wissen um ihr Erbe war für Duvall-Debra und Debra-Duvall nicht leicht zugänglich; denn als der Gott, der zu Zweien geworden war, sein Licht herabgesetzt hatte, wurden auch seine Gedankenprozesse schwerer, daher schwieriger. Dennoch waren beide, Debra und Duvall, bei ihrer ersten Ankunft auf Terra, ihrem ersten Leben auf eurem Planeten so mächtig in ihrem sich Nähren vom reinen Gedanken.

Duvall sah auf Debras Augen und fand sie herrlich in ihrer Schönheit.

Duvall *kannte* nicht die Herrlichkeit seiner eigenen Augen, bis er Debras Augen sah, denn sie hatte die *gleichen* Augen. Und laßt mich euch von der Farbe seiner Augen erzählen. Ihre runden äußeren Bereiche waren von leuchtendem Schneeweiß, und von von da gingen sie in einen dunkelblauen Schimmer über, der sich mit einem gelbem Schimmer vermischte, und so die Illusion eines Meeres schaffte. Von da aus verwandelten sie sich in einen hellere Schattierung von Haselnußbraun, um in die perfekte Linse oder in das, was man das Schwarze des Auges nennt, überzugehen. Die Augen waren wundersame, *wundersame* Schöpfungen aus dem GEDANKEN heraus; denn sie besaßen die Fähigkeit, Materie, bzw. den GEDANKEN in seiner niedrigsten Frequenz erfassen zu können.

Duvall sah Debra an und war voll ehrfürchtiger Scheu vor ihr, denn er konnte sich keine andere Schöpfung vorstellen, die lieblicher hätte sein können. Duvall blickte in Debras Augen und sah, daß sie sich immerzu veränderten, daß hin und wieder das Blau tropfenweise in das leuchtende Weiß hineinfloß. Und er liebte Debras wundersame Augen (doch kannte und verstand er noch nicht die Aktion der Liebe).

Als Duvall auf die Farbe von Debras vollendetem Fleisch blickte, brachte es ihm den Glanz des Lichts und dessen sich entfaltender Farbtöne ins Gedächtnis. (Das Farbspektrum auf Terra war nicht das des erhöhten Gedankens, nur das des vollendeten Gedankens, nämlich der Endung des Gedankens in der Materie. Aber genau darin bestand der Vorteil, daß sie die einzige Stufe des GEDANKENS war, die Farben hatte, die am schwersten in der Farb-Licht-Schwingung waren.) Solch wundervoller Rosenschimmer hoch auf ihrer Stirne, ihren Wangen, ihren Lippen, die taufeucht und weich waren.

Duvall berührte Debras feste Brauen und fand sie feucht. Als er die dichten und wundervollen Wimpern berührte, die ihre schönen Augen umrahmten, sah er, daß ihr Kinn eine Furche hatte, und ihr Hals einer Säule von Marmor glich. Seine Berührung ging sanft zu ihrer Schulter über, die zart und doch kühn geformt war, und ihren Arm entlang, der graziös war. Er sah, daß ihr Arm ohne Unterbrechung in seiner Bewegung aus der Schulter erwuchs, da er Teil ihrer Schulter war. Während er seine Hand an ihrem Arm herabgleiten ließ, hin zu ihrem Handgelenk, sah er, daß ihre Hand sich bewegte! Und er betrachtete ihre Finger mit ihren zarten Linien, und bemerkte auf den verhärteten Fingerkuppen dieselbe Rötung, die oben auf ihren Wangen lag, und diese fand er so lieblich. Lieblich!

Duvall trat etwas zurück und starrte auf Debras Körper. Mit ausgestreckten Armen berührte er sanft ihre Brüste und fand sie warm und geschmeidig, aufrecht und fest, mit nur dem zartesten Rosenhauch auf dem äußersten Punkt ihrer Schönheit geschmückt. Unter ihren Brüsten fand er eine wunderschöne Taillenform, deren Haut sich so leicht daranschmiegte, daß sie das Auge gefangen nahm.

Duvall bestaunte die Schöpfung von etwas so lieblichem, so sanftem, so wundervollem in seiner Farbe. Sacht bewegte er seine Hand ihre weichen und makellosen Oberschenkel entlang, bis er zu einer Biegung des Beins gelangte. An der Biegung fand er ein kleines Grübchen. Auf der anderen Seite fand Duvall als härtesten Punkt am Bein dieses geliebten Geschöpfes das Knie. Er bewegte seine Hand an ihrem Bein hinunter zu ihrer feingeformten und gerundeten Wade und weiter zu der schlanken Masse ihres Fußgelenks, wo er eine Verhärtung fand. Indem Duvall ihren kleinen Fuß in seiner Hand hielt, bewegte er ihn auf ... und ab. Er betrachtete die graziösen Knochen ihres Fußes und bemerkte, daß die Spitzen der Zehen die gleiche Röte hatten wie ihre Wangen.

Als Debra auf das blickte, von dem sie in Verwunderung angeschaut wurde, sah sie, daß die Farbe von Duvalls Haar dem Herbst glich, und sie dachte, daß es wundervoll sei! Und während sie so sein Haar betrachtete und es ihr wie die Farbe des Herbstes schien, entdeckte sie, daß ihr Haar von der gleichen wundersamen Farbe war.

Als Debra nun begann, Duvall zu betrachten, erblickte sie die gleiche Lieblichkeit der Augen, die Duvall gesehen hatte. Und sie sah festgeformte Nasenflügel, die verlängert und groß waren und eine große Menge an Luft aufnehmen konnten. Und sie sah, wie sie sich zum Riechen wölbten! Sie blickte auf seine Lippen, die fest, ausdrucksvoll und üppig waren, und sie bemerkte, daß sie sich in einer Kinnlinie, die breit und geschwungen war, vervollständigten. Und sie sah einen Nacken, der kräftig war, Schultern, die breit waren, und Arme, die dick und schwer und schön waren.

Auf Duvalls Armen nahm Debra die gleiche Herbstfarbe wahr, die sich auf seinem Kopf befand, sorgfältig gelockt in Reihen von perfektem Muster. Sie sah eine Hand, die breit und lang und liebreizend war, mit einer Verhärtung an den Spitzen der Finger verziert, so als hätte etwas Bemerkenswertes zum Schluß des Aktes der Schöpfung sie berührt.

Debra trat zurück und sah, daß Duvalls Brust breit war und daß sie sich hob, wenn er durch seine riechenden Nasenflügel atmete. Auf seiner Brust, dort, wo das Herz liegt, sah sie Brustwarzen, die kleiner als die ihren waren und doch lieblich und schön. Und sie sah, daß Duvalls Taille nahezu seinen Hüften gleich war, die schmaler als ihre waren. Und dort, wo sich die Beine Duvalls trennten, erblickte sie eine wundervolle Schöpfung, darin der Schatz und die Hoffnung zukünftiger Generationen lag. Und seine Beine, sie waren muskulös mit breiten, festen Knien, und stämmigen Waden, und Füßen, die lang und breit waren, um die aufrechte Haltung der Größe jener Wesenheit, genannt Duvall, zu ermöglichen.

Als nun Duvall und Debra einander so ansahen, war das, was sie sahen, jeweils die Reflektion des anderen. Jeder in seiner eigenen schönen Art war, vom Gott zum Menschen, in die überragendste Konstruktion gefaßt worden, die es nur geben konnte, um den Austausch von Mann und Frau auf einer Ebene, die lange im Werden gewesen und nun bereitet war, zu gewährleisten. Infolgedessen hatte jeder die Vollkommenheit seines Körpers, der aus sich selbst die vollkommenen Samen für ein zukünftiges Geschlecht erschaffen würde.

Nun, wo war die Liebe? Man besitzt niemals auch nur irgend etwas, bevor man nicht darüber nachgedacht hat, denn Besitz kann niemals erfahren und in ihm geschwelgt werden, ehe er nicht zuerst im kontemplativen Gedanken realisiert wird. Folglich, erst nachdem die Berührung gefühlt und gewiß war, und die beiden die Lieblichkeit und Schönheit voneinander im Gedanken betrachtet hatten, begann das Feuer der Lenden und des Schoßes. Und als jeder seinen Gedanken hervorkommenließ hinein in den anderen hinein, da brachte das den ersten fruchtbaren Akt zwischen Duvall-Debra und Debra-Duvall hervor. Mittels der wundersamen Schöpfungen, zu denen ihr eigenes vollkommenes Ganzes-Selbst nun geworden war, erlaubten sie sich, zusammenzukommen und aneinander festzuhalten, und den Samen aus den Lenden und dem aufgerichteten Stab Duvalls in Debras wundervolles Ei zu bringen, dem Nest zukünftiger Geschichte.

Während dem Übergeben seines Samens in eine Projektion außerhalb seiner selbst schaute Duvall in Debras Augen und sah sich selbst, und er liebte sein Abbild. Und Debra sah Duvall in die Augen und liebte ihr Abbild. Als der Samen hervorkam und das Ei fand, entstand das vollkommene Abbild dessen, was sie ineinander gesehen hatten. In dem Augenblick, siehe da: Aus dem "Atrium der Konstanten", kam ein anderer Gott, einer der gewartet hatte, bis die Reihe an ihn kam, sich selbst in die Verkörperung von Mann und Frau auf der Ebene von Terra herabzusenken.

Nachdem Duvalls Stab in Ermattung erschlaffte, legte er sich neben seine schöne Frau; und seine schöne Frau legte sich neben ihn. Und Duvall, der sich selbst sehr liebte, liebte alles, was er in Debra sah; und Debra dasselbe in ihm. Nun war die Liebe verstanden. So hatte die Vereinigung der beiden begonnen, die in Ewigkeit zueinander gehören würden. Ihre Lichtkraft hatte sich in das Vergnügen der erschaffenen Kraft genannt Materie entwickelt, um ein neues Abenteuer hinein ins LEBEN zu beginnen.

Leben auf Terra begann wahrhaftig mittels eines Marktplatzes von Idealen, die hervorsprießten und untereinander ausgetauscht wurden. Als dann Gedanke betriebsam wurde, erschien bald Industrie innerhalb der Arbeitssysteme des Landes. Bald leitete das, was man die Wissenschaft von der Lichtantriebskraft nennt, eine große Industrie ein, und Licht wurde auf diesem Planeten regelmäßig für wechselseitige Reisen und das Transmutieren von Dingen benutzt. Als der Wert des Austauschs unter allen Göttern offensichtlich wurde, begann Duvall die Entwicklungen des Erschaffens mittels des Marktplatzes der Ideale.

Aus dem gesegneten Leib und dem Nest Debra-Duvalls, da kam eine Wesenheit in ihr erstes Leben auf Terra. Die Wesenheit namens Arius war die positive elektrische Ladung eines großen Gottes, der sich selbst aus dem "Atrium der Konstanten" herabgesenkt und seine Lichtkraft geteilt hatte. Durch Paarung, einem Akt der Schöpfung der ersten Ebene, wurde diesem Gott also erlaubt, in der Verkörperung zu entstehen, die durch andere Götter erschaffen worden war - das Überragendste, das ein Gott seinen Brüdern durch die Handlung der Liebe zu geben hatte.

Arius war Debras und Duvalls Glück. Er kam in ihr Leben und wurde von Debra genährt und nahe an ihrer Seele gehalten. Immer war Liebe vorhanden. Duvall, stattlich und wundersam, war erfreut, die Kameradschaft eines anderen Bruders, eines anderen Gottes in der Form von Frieden zu haben.

Jetzt war unter all den auf Terra lebenden erhabenen Göttern ein starker Wettbewerbsgeist lebendig. Folglich, nachdem der Handel mit dem Austausch von Ideen in Masse auf dem Marktplatz begonnen hatte, erhob sich bald wieder ein Gott, der versuchte den anderen zu auszustechen. Während dieses Prozesses und dieser Zeit begann Duvall eine Kameradschaft mit anderen Göttern einzugehen, die einander in Handelsakten anfeuerten.

Bald wuchs im Verständnis Duvalls der Wunsch nach mehr Wissen, um seine Gedanken in eine produktivere Form umzusetzen, denn anderen gelang das schon ganz gut. Innerhalb seines Prozesses, mehr werden zu wollen, verbrachte Duvall lange Zeitperioden von Debra entfernt, denn er war mit dem Wettbewerb seiner geliebten Brüder in dem voranschreitenden Markt gefangen genommen. Durch seine Einstellung, eine Einstellung die in ihrer Konzeption rein gewesen war, geschah es, daß Duvall sich von der zärtlichen Liebe Debras, seinem geliebten ihm Gleichen, trennte, die mit ihrer Aufgabe beschäftigt war, ihren geliebten Arius, einem äußerst bemerkenswerten Gott, aufzuziehen, ihm Anerkennung zu geben, und mit ihm zu teilen. Oft rief Debra mit ausgesteckten Armen nach Duvall, dem Spiegel ihres Seins, daß er ihr die Möglichkeit gäbe, ihn zu lieben, und zu berühren, und zu halten und ein Teil der "Erstheit ihres Ersten" zu sein. Duvall jedoch, gefangen in schöpferischen Gedanken, achtete nicht auf die Bitten seiner geliebten Debra.

Bald sah sich Duvall gleich einer Autorität in Sachen "Geben und Nehmen". Daher zeigte sich bei ihm eine Einstellung von "Höhergestelltsein". Als sich diese Einstellung bei Duvall offenbarte, wurde sie bald bei all seinen Kameraden augenscheinlich. Und als alle die Einstellung eingenommen hatten, daß ihr Status irgendwie anders sei, da entstand eine Getrenntheit unter ihnen, ein schwerer Irrtum in der Tat.

Als Duvall eines Tages, während eines Experiments mit einer Lichtkraft, Licht in einen Reflektor leitete, um es in eine bestimmte Richtung auszurichten, da stellte er seinen Spiegel in einem äußerst unpassenden Winkel auf. Als das Lichtgeschoß losgesandt und reflektiert wurde, geriet es in Duvalls Weg, und er wurde von einem Licht durchbohrt, das rascher und mächtiger war als jedes Schwert oder jede Explosion, die ihr kennt. In jenem Augenblick kam Duvalls Körper zu Tode. Sein Körper, der durch seine eigene Hand ins Dasein hervorgebracht worden war, war nun durch seine eigene Hand umgekommen, denn er war in großem Ausmaß zerrissen.

Duvall erlitt seinen ersten Tod auf Terra. Obwohl sein Körper umgekommen war, hatte der Tod den Geist und die Seele seines Seins, die seinen hell glänzenden Augen und seiner wundervollen Erscheinung erst deren Bedeutung gegeben hatten, nicht eingeschüchert.

Duvall war nun in einer Leere, die einem Windvakuum glich, aufgefangen. Von da konnte er das "Atrium der Konstanten" sehen, wo seine geliebten Brüder ihn beobachteten. Wie er so schaute, um festzustellen, wo er hergekommen war, da sah er seinen Körper, und er sah Debra und seinen Sohn Arius. Er rief nach Debra, und er rief nach seinem Sohn Arius, dessen Lachen sogar den Wind übertönen konnte ... aber sie konnten ihn nicht hören.

Duvall versuchte es wieder und wieder, aber noch immer konnten sie ihn nicht hören. Dann erblickte er seine Freunde, und er versuchte, sich ihnen bemerkbar zu machen, aber er konnte es nicht. Als Duvall sie dabei beobachtete, wie sie auf seinen Körper sahen, sah er, daß sie weder Trauer noch Mitleid im Gesicht zeigten, sondern eher eine abschätzende Haltung.

Debra, die das Sein ihres Seins, oder Ehemann, wie er genannt wird, liebte, machte die Erfahrung ihrer Tränen und die Erfahrung von Trauer. Und sie rief nach Duvall: "Sein von meinem Sein, Blau von meinem Blau, Körper von meinem Körper, wo bist du, Duvall?" Und Debra, nun Tod im Körper erkennend, ein höchst schockierendes Element, weinte über dem Körper ihres kostbaren Duvall.

Duvall, der weder zu seiner Geliebten sprechen noch um die Hilfe von seinen versammelten Freunde rufen konnte, war äußerst verwirrt. Er befand sich nun in der Leere, entstanden durch die Einstellung des "Höhergestelltseins". Von dort konnte er nicht zurück in die Bruderschaft aufsteigen. Denn er hatte die Erfahrung des "Höhergestelltseins" gemacht, eine Art des Denkens, in der er jetzt, unglücklicherweise, sich auf sein eigenes geliebtes Selbst im Sinne von "geringer" beziehen würde.

Durch kontemplativen Gedanken kam Duvall eine Erkenntnis, wie er aus dieser mißlichen Lage wieder herauskommen könnte. Also sprach er eine Bitte an das "Atrium der Konstanten" aus, und bat seine geliebten Brüder dort, daß der leere Raum und das Getrenntsein nicht länger bestehen solle. Und er rief zu ihnen: "Bitte, kommt nicht in das Licht von Arius, um auf diese Ebene kommen zu können. Erlaubt mir, durch meinen Sohn wiederzuerstehen, damit ich die Dinge mit all jenen, die ich von mir getrennt habe, besser machen kann."

Da die Götter von gutem Herzen waren, stimmten sie zu. Gemäß der Übereinkunft wurde ihr Wille, das Kind von Arius zu werden, fallengelassen, und Duvalls Licht kam in das spektakuläre Lichtfeld seines geliebten Sohnes, damit er wieder geboren werden könnte.

Arius war ins Mannesalter gekommen und war im Begriff von der Bewegung der Lenden zu erfahren. Auf der Suche nach einem Spiegel für die Schönheit seines Seins, fand er ein zauberhaftes Wesen, eine Wesenheit, die in ihrer Lieblichkeit dem Monde glich, denn nach und nach offenbarte sie ihm mehr von ihrer Schönheit.

Arius war ganz gefangen von der "Zauberin", und bald konnte er es nicht mehr ertragen, noch länger ohne sie zu sein. Also fand Arius (mit dem Drängen seines geliebten Vaters) für sich selbst den vollkommenen Empfänger, die vollkommene Schönheit, die er, Arius, über alles liebte - sich selbst in einem anderen.

Arius verkündete, daß diese zauberhafte Frau, über alles andere hinaus, seine größte Sehnsucht als vollendete Schöpfung sei. Als sie zusammenkamen, so wie Duvall und Debra es getan hatten, entdeckte einer des anderen Schönheit und Sein, und sie brachten es zum Ausdruck. Und der Gedanke der Liebe wurde zu einem befruchteten Wesen, empfangen aus der unendlichen Form, das es Duvall gestattete, wieder auf dem Planeten Terra zu erstehen.

Duvall war niemals ein Kind gewesen. Folglich hatte er großes Vergnügen, Teil der erschaffenen Form eines *anderen* zu werden. Um die Bedeutung des Teilens, um die Bedeutung der Zeugung zu verstehen, um Dinge auf neue Weise zu erschaffen, wurde Duvall das Kind. So kam durch den Schoß der "Zauberin" Duvall in einem wundersamen Körper hervor, zu dem Zweck, sich nicht länger als verschieden von denen zu sehen, die er doch liebte, sondern ein Teil von ihnen zu sein. (Gemäß eurem Verständnis würde Duvall nun Debra zu seiner Großmutter haben.)

Als kleiner Junge liebte Duvall seine Großmutter, liebte seine Mutter, die "Zauberin", und liebte Arius als einen wundervollen "Sohn-Vater". Und er betrachtete sie alle in einer Ausgeglichenheit. Er war respektvoll seiner Großmutter gegenüber (die nicht wußte, daß er Duvall war), und er gab ihr Freundlichkeit und Freude und ein jubilierendes Herz. Er hörte immer auf ihre Weisheit bezüglich Schöpfung und den Angelegenheiten des Marktes, und bereitwillig lernte er von ihr.

Als seine Großmutter nicht mehr dieser Ebene angehörte, wuchs Duvall in sein Leben hinein und wurde eine regsame Wesenheit, die bei allem Austausch Fairneß und Unparteilichkeit walten ließ. Er war zum Teil das, was man "ausgewogen" nennt. Berühmt für seine Einstellung zur Ausgewogenheit, wurde er älter. Er hatte niemanden in sein Bett genommen, und hatte keine andere Wesenheit gewählt, damit sie ihm tief in seine Augen sehen würde, so daß er sich selbst sehen könnte, denn sein Interesse hatte der "Ausgewogenheit" gegolten.

Eines Tages, als Duvall vom Marktplatz zurückkam, wo alle hingingen, um die Ideale von Vollkommenheit festzustellen und größere Ideen auszutauschen, begegnete er einem lieblichen Wesen, einem jungen Mädchen von vierzehn Jahren. Die Wesenheit war auf dem Wege zum Marktplatz, um den Gedanken der künftigen Heirat mit jemandem, der für ihr Sein vollkommen wäre, zu erörtern. Als Duvall anhielt, um in ihre Augen zu schauen, sah er in ihren Augen die seinen. Die junge Frau, deren Haar nun nicht mehr die Farbe des Herbstes hatte, sondern die der Sonne, blickte zurück in Duvalls Augen und sah sich selbst. Siehe da! Duvalls geliebte Debra war wiedergekommen, und dennoch, er wußte nicht, wodurch sie gekommen war. Sie hatten einander durch das gefunden, was man als die "Gedankenprozesse von Debra" bezeichnet.

Wie sie es einst zuvor getan hatten, kamen Debra und Duvall zusammen und brachten durch die Herrlichkeit von Vereinigung und Liebe eine Tochter hervor, ein wunderbares Geschöpf von Licht und Schönheit. Und Duvall war ganz gefangen von ihr, dem Spiegel seiner Liebe zu Debra. Und sie war *wundervoll* - über die "Zauberin" hinaus, über Debra hinaus, denn sie war die Schöpfung vom Gipfel der vervollkommneten Liebe, die sich von neuem auszudrücken gesucht hatte.

Als kleines Mädchen hatte die Wesenheit seidiges Haar, das dunkler als die Farbenskala der Mitternacht war, mit Locken, die wild und wehend und frei waren. Und wenn sie ihren wundervollen Kopf hob, fiel ihr das Haar anmutig auf ihre Schultern. Die Augen dieser Wesenheit hatten die Farbe des Meeres, wie ihr sie in dieser Zeit nicht gesehen habt. So blau waren sie, daß es wundervoll war, sie zu betrachten. Sie waren so wundersam, daß, wenn man sich in ihnen verfangen hatte, man kaum noch etwas anderes sah. In den Augen ihres Vaters war das kleine Mädchen vollkommen. Duvall, der sich selbst mit der Vollkommenheit seiner süßen Tochter neckte, liebte sie sehr, wie er Debra liebte. Und es bereitete ihm große Freude, das Heranwachsen dieses herrlichen Geschöpfes zu beobachten.

Als Duvalls Tochter das Alter von vierzehn Jahren erreicht hatte, war sie bereits eine erlesene Frau, denn ihre Zeit der weiblichen Reife hatte schon begonnen. Ihre Brüste waren gereift, ihre Wangen waren gerötet, und ihre Augen waren erfüllt von Wunder und Abenteuer. Duvall wußte, daß für seine geliebte Tochter die Zeit gekommen war, sich mit dem Gedanken an einen Ehemann ihres Seins zu befassen. Als dieser jedoch erschien, erlebte Duvall, der nie zuvor die Leidenschaft der Eifersucht erfahren hatte, genau diese; und er wurde seiner Tochter gegenüber beschützerhaft und wünschte, daß sie nicht heiraten würde. Seine Tochter lachte ihren geliebten Vater aus, denn sie wußte, daß er ein leidenschaftlicher Mann war, der entschlossen war, einen Mann von eben solcher Leidenschaft für sie zu finden, den sie bereits hatte.

Duvall verbot dem Mann, seine geliebte Tochter aus seinem Haus wegzuführen. Wenn sie heirateten, müßten sie dort mit Debra und Duvall leben. Aber dieser prachtvolle Mann, dieser Gott, der Duvalls schöne Tochter liebte, hatte bereits ein Reich für sie bereitet und lehnte infolgedessen das "freundliche" Angebot ab.

Duvall in seinem Eifer bedrohte den Mann, griff seine Tochter an ihrem zarten Arm und zog sie zurück. Die Tochter, die nach oben in die Augen ihres Vaters blickte, hatte eine neue Haltung in ihrem Vater erlebt, und deretwegen war sie in großem Maße verwirrt. Sanft nahm sie ihres Vaters Hand von ihrem süßen Arm und sagte zu ihm: "Vater, dies ist mein Wunsch. Dieser ist es, zu dem ich gehöre. Dies ist mein Leben." Hierauf wandte sie sich um zu ihrem geliebten Mann, und beide verließen die Unterredung mit Duvall.

Duvall grämte sich in seinem Herzen, denn würde er jemals wieder Debras Herrlichkeit in seiner schönen Tochter sehen? Und er verachtete jenen, der sein Juwel aus seinem Leben weggenommen hatte. Debra, die wundervolle Debra, die die Leidenschaft ihres Mannes verstand, nicht aber seinen Zorn, flehte ihn an, sich zu beruhigen. Duvall aber weinte und weinte und weinte.

Diese wundersame Geschichte ist eine wahre Geschichte. Die Wesenheiten, über die ich sprach, haben alle existiert. Diese Geschichte ist eine Geschichte von der Erschaffung der menschlichen Einstellungen durch die vollkommene Liebe, und davon, wie er sie begrenzt hat.

Als Duvall zurückkam als der Sohn von Arius und der "Zauberin", vollendete er in der Tat die Einstellung des "Höhergestelltseins gegenüber anderen". Aber im Verlaufe seines Lebens wurde er irrtümlicherweise zu den Haltungen von Eifersucht und Besitzenwollen bezüglich seiner schönen Tochter, da er die Unabhängigkeit jenes Gottseins vergaß, das sie war.

Als Duvall in jenem Leben betagten Alters verstarb, tat er dies in Trübsinn, und wirklich, er weinte, denn er mußte wieder zurückkommen. Und er mußte bis lange nach der Zeit warten, da alle, die er liebte, diese Ebene verlassen hatten, sogar seine geliebte Tochter, die infolge des Ganges ihrer Gedankenprozesse umkam. Und seine Geschichte ist weitergegangen und weiter und weiter, sogar bis zu dieser Stunde.

Ist Duvall mit seinen Einstellungen von Begrenztheit ins Gleichgewicht gekommen? Er hat es versucht, ernsthaft. Doch hat er sich selbst die Extravaganz erlaubt, in kleinliche Illusionen und begrenzte Wünsche verwickelt zu werden. Daher hat er auf dieser Ebene zehntausendunddreißig Tode erfahren.

Das, was Eifersucht, Haß, Neid, Krieg, Verachtung und Urteilen genannt wird - dies alles kann zusammengefaßt werden als die Gesamtheit der begrenzten Einstellungen des Menschen. Und was ihnen allen Berechtigung gegeben hat, ist das, was man als "Liebe" bezeichnet. Aber solange der Mensch damit fortfährt, im Namen der Liebe die Kleinlichkeit seiner Einstellungen zu rechtfertigen, wird er durch ihre Hand zehntausendunddreißig Tode sterben müssen, um vielleicht endlich einmal eine Stufe des "vollendeten Liebe-Gottseins" zu erlangen, damit er zum Atrium zurückkehren, und noch darüber hinaus in den GEDANKEN eingehen kann.

Eure Kinder werden *nicht* aus euren Lenden und euren Schößen erschaffen. Durch den Austausch von Liebe - oder Lust - stellt ihr für einen großen Gott die Möglichkeit hervorzukommen zur Verfügung, um zu vollenden, was immer er benötigt, um sich selbst zu vervollständigen und ein Licht für die Welt zu werden. Doch ihr seid nicht die *Eigentümer* seines Geistes. Das werdet ihr niemals sein. Und eure Kinder zu *verlieren?* Ihr seid seit *Äonen* zusammen gewesen, ein Leben direkt nach dem anderen. Duvall würde seine Tochter niemals verlieren. In seinen nächsten Leben wäre sic seine Mutter, seine Schwester, seine Großmutter, sein Großvater, sein Feind, sein Herrscher, sein Diener, und sein Freund.

Ihr verliert niemals irgend etwas. Wenn ihr in Freiheit liebt, erlangt ihr *alles,* einschließlich der Gelegenheit, euch selbst zu unterteilen vom "Gott zu dem Ihr" - nämlich ihr, die ihr gerade die Illusionen des begrenzten Gedankens erfahrt - und wieder zurück zum Gott in all seiner Schönheit.

Ihr seid immer Gott! Dies *ist* eine Wahrheit. Ihr seid immer die QUELLE. Doch ihr unterbrecht ständig eure Leben durch Kleinlichkeit in eurem Sein; auf diese Weise werdet ihr euch ständig, Leben für Leben, einen neuen Versuch ausdenken, um besser zu werden. *Versucht* niemals, besser zu werden - wißt, daß ihr besser *seid!* Da ist ein Unterschied in dieser Aussage, das versichere ich euch.

Erlaubt euch selbst wirklich die Geduld, über eure Urteile nachzudenken, über eure Entscheidungen nachzudenken, eure Einstellung gegenüber eines jeden anderen festzustellen. Und bestimmt für euch selbst, ob die augenblickliche "fixe Idee" zehntausend weitere Leben wert ist. Wenn sie es ist, dann erfreut euch der Ewigkeit.

Ich bin Ramtha der Erleuchtete, exquisiter Lehrer, gelehrte Wesenheit und Liebender der Gesamtheit eures Seins.

Überdenkt, was ich euch in diesem beredten Augenblick vermittelt habe, und lernt davon. Seid in Frieden und warmen Herzens und guter Stimmung. Es ist dies die Zeit eurer Neugeburt. Seid äußerst glücklich darüber. So sei es!

* * *

Weitere Ramtha Titel auf Deutsch

Ramtha

Editiert von Steven Lee Weinberg. Dieser von der Kritik empfohlene Bestseller stellt die Eckpfeiler von Ramthas Lehren dar. Von Ramtha selbst wird es "Das Große Weiße Buch" genannt. Dieses Werk stellt für die in Unwissenheit und in ihrer Evolution festeckende Menschheit ein Juwel von unschätzbarem Wert dar, denn es setzt *für* den Menschen und *in* ihm ein Wissen wieder frei, das dieser vor langer, langer Zeit vergessen hatte. Die deutsche Übersetzung gibt diese einfache und doch so eindringliche Lehre Ramthas in sorgfältiger und makelloser Weise wieder.

Paperback DM 32,-

Ramtha: Eine Einführung - Ausgewählte Lehren

Dieses Buch fordert den Geist heraus, berührt die Herzen und eröffnet dem Leser einen Ausblick auf die großartigen Möglichkeiten des Lebens. Es ist eigentlich mehr als nur eine Einführung, denn es führt uns in das vielschichtige Spektrum von Ramthas Lehren ein.

Paperback DM 25,-

Der Letzte Walzer Der Tyrannen

Der letzte Walzer der Tyrannen entlarvt die Geschichte und die Pläne der sogenannten Grauen Männer, der geheimen Familien und der Mittelsmänner der Macht, die die Börse dirigieren, denen das "Federal Reserve" System (Zentralbank), sowie der größte Teil der Geldversorgung der Welt gehört. Dieses Buch prüft auch, welchen Weg die Natur einschlagen wird; wobei das Leben, wie wir es kennen, offensichtlich am Rande der Katastrophe steht. Es ist aber ein Buch der Hoffnung, denn es wird kaum jemand widersprechen, daß elementare Veränderungen stattfinden müssen, die - so sagt Ramtha - in der Verherrlichung und Erleuchtung der Menschheit enden werden.

Paperback DM 20,-

Ramtha Intensiv: Wendezeit - Die künftigen Tage

Der zweite Band der Intensivserie legt dar, wie die Menschheit ihre Umwelt bis heute zugerichtet hat. Es vermittelt eine kompromißlose Darstellung der eintretenden Veränderungen in der Natur, durch die sich die Erde reinigen und erneuern wird. In deisen einmaligen Lehren fordert uns Ramtha nachdrücklich auf, eine persönliche Eigenständigkeit aufzubauen, um jene dramatischen Veränderungen, die wir in Gesellschaft und Natur zu erwarten haben, physisch und psychisch überleben zu können.

Paperback DM 24,-